中学校・高等学校

国語科教育法研究

田近洵一
鳴島 甫
編著

東洋館出版社

中学校・高等学校
国語科教育法研究
目次

第一部 　理論編　　3

第一章 　国語科教育を学ぶために　　4
第一節　国語教育と国語教師　　4
第二節　国語科教育の動向と展望　　8
第三節　国語科教育の課題　　12

第二章 　中学校の国語科　　16
第一節　中学校国語科の目標と内容　　16
第二節　中学校国語科における「話すこと・聞くこと」の学習指導　　22
第三節　中学校国語科における「書くこと」の学習指導　　28
第四節　中学校国語科における「読むこと」の学習指導
・文学的文章　　34
・説明的文章　　40
第五節　中学校国語科における［伝統的な言語文化と国語の特質に関する事項］の学習指導
・伝統的な言語文化　　46
・国語の特質　　52
・書写　　58

第三章 　高等学校の国語科　　63
第一節　高等学校国語科の目標と内容　　63
第二節　「国語総合」の学習指導　　69
第三節　「国語表現」の学習指導　　77
第四節　「現代文 A・B」の学習指導　　83
第五節　「古典 A・B」の学習指導　　89

第二部　実践編　　95

第一章　国語科の実践　　96
　第一節　国語科の指導計画と評価　　96
　第二節　授業実践（学習指導案）　　101

第二章　国語科指導の実際　　106
　第一節　小説
　　・中学校　　106
　　・高等学校　　114
　第二節　詩歌
　　・中学校　　122
　　・高等学校　　128
　第三節　説明・論説・評論
　　・中学校　　134
　　・高等学校　　140
　第四節　古典
　　・中学校　古文　　146
　　・高等学校　古文（韻文）　　152
　　・高等学校　古文（散文）　　158
　　・高等学校　漢文　　164

第三章　単元学習の実際　　168
　第一節　単元学習の開発　　168
　第二節　大村はまの単元学習　　174

　若き国語教師へのメッセージ
　　自立・自律した国語教師に―国語授業に哲学を―　　180
　　国語教師の力量形成　　182

付録
　中学校国語科学習指導要領　　184
　高等学校国語科学習指導要領　　195

執筆者一覧　　207

第一部

理論編

第一章　国語科教育を学ぶために 4
第二章　中学校の国語科 16
第三章　高等学校の国語科 63

第一章　国語科教育を学ぶために

第一節　国語教育と国語教師

1　国語教育と国語科教育

（1）言葉の学び

　言葉は思考を支え，人との交わりを広げる。私たちにとってのその言葉，すなわち日本人にとっての母語である日本語の学習を意識的におこなうのが，国語教育である。国語教育を通して，私たちは，日本語の知識とその運用に関する能力を確かにするとともに，言語生活を豊かなものにしていく。さらに国語教育は，伝統的な言語文化に関する素養を身に付けるとともに，日本語の特質に関する知見をも深めていく。私たちは，そのような言葉の学びを通して，ものごとに関する認知や思考を確かにし，感性を豊かにしていくのである。

（2）教科としての「国語」

　母語である日本語の教育を，我が国では，一般に「国語教育」とよぶ。今日，日本人にとっての母語である日本語の教育に「国語」の語を用いるのは，明治33年8月に「小学校令」が改正され，「国語科」が一つの教科として設定されたことによるといっていいだろう。もちろんそれ以前にも「国語」の語はあったのだが，明治33年の時点で，義務教育における学習内容が「国語」という観点から見定められたのである。そこには，国民国家の確立を急ぐ，明治後期の時代状況を背景とした，上田万年らの思想の影響があったことは否定できないが，「国家語」という意識の薄い今日でも，「国語」は教科名であるとともに，学習内容を示す語となってきているのである。

　「国語教育」という語は，以上のような事情で，教科としての「国語」の教育（=国語科教育）をさすのか，もっと広く，言語の教育としての国語の教育（=国語教育）をさすのかが，混同されがちなのが実情である。結論的に言っておくなら，これからの国語教師は，広い意味での「国語教育」の在り方を基盤に，教科としての「国語科」の在り方を考えていかなければならないだろう。

（3）国語科教育

　今日，学校教育における教科は，学校教育法施行規則によって設定され，中学校は時間数，高等学校は単位数が規定されている。また，それぞれの教科の学習内容は，指導計画作成上の留意点とともに，学習指導要領によって規定されている。したがって，教科としての「国語」の学習は，法的な規制を受けているようにも見えるが，同時に法的に保障されてもいるのである。すなわち，法的保障の下に，日本人として必須の言語的な素養を身に付けるようにするという大事な責務を負っているのが制度としての国語科なのである。

　しかし，その教科「国語」は，先述したように制度の枠を超えてさらに広い視野から，絶えずその在り方が問われなければならない。教科の枠が学習の発展を阻害することがあるかもしれないし，また，諸条件の変化の下で，生徒の言語生活の実態は，教科の枠を超えて変容，進展するかもしれないからである。

2　国語教育の構造

（1）国語教育

　言語の教育の問題は，単に制度としての「国語科」という教科だけの問題ではない。日本語，及び日本の言語文化の全体を視野に入れるとともに，現実の社会生活とかかわりつつ，生涯を通して自ら学び続ける生涯学習の視点に立って考えなければならない。特に，時代の変化の中に生きる言語生活者としての生徒の現実態を考えるなら，言語の教育の問題は，まずは教科の枠にとらわれずに，その在り方を考えるべきであろう。

　もちろん，中学校・高等学校の国語科の教師は，教科としての「国語」の教育に責任をもたねばならない。しかし，同時に，社会的な言語生活の問題や言語文化の実態などにも，広く関心をもち，それらを踏まえて，あるいはそれらを取り入れて，教科「国語」の学習を構想していかなければならない。言語の教育としての国語教育の広がりの上に，教科「国語」の教育はあるのである。

(2) 教育内容としての言語生活

国語教育の全領域を把握しておくために，次に，言語生活の領域に関する西尾実の学説を見ておこう。西尾は，言語生活の全領域を，次のように段階的に分類して示した。

地盤	発展	完成
言語	文字＋言語	芸術性＋(文字)＋言語
話す	書く	創作
聞く	読む	鑑賞

［西尾実の言葉］
　言語生活の領域は，話し聞く言語生活の領域を地盤とし，読み書く言語生活の領域を発展段階とし，さらに，文化としての言語生活の領域を完成段階として跡づけることができるであろう。
『国語教育学の構想』1951年，筑摩書房

国語教育は，このような言語生活の全体を視野に入れておく必要がある。

(3) 教科「国語」の学習内容

教科「国語」の学習内容は，これまでも教育課程の改訂によって組み替えられてきたが，しかし，基本的なところは変わっていないと言っていいだろう。それは，学習すべき言語に関する内容に変更がないからである。その内容は，主として，音声，文字，語彙，文法などの言語要素に関する内容と，話す，聞く，書く，読むなど，言語活動に関する内容とからなっている。

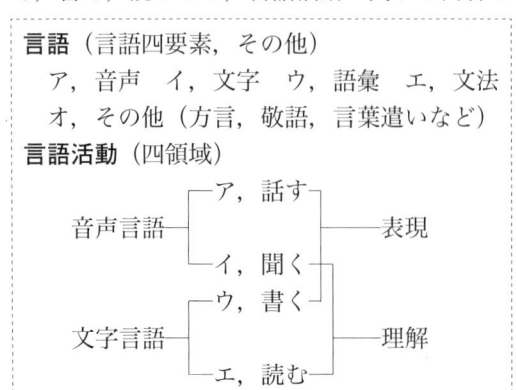

言語（言語四要素，その他）
　ア，音声　イ，文字　ウ，語彙　エ，文法
　オ，その他（方言，敬語，言葉遣いなど）
言語活動（四領域）

音声言語 ─ ア，話す ─┐
　　　　 ─ イ，聞く ─┴ 表現
文字言語 ─ ウ，書く ─┐
　　　　 ─ エ，読む ─┴ 理解

　左記の分類とは別に，国語科には，活動内容としての「伝統的な言語文化」（古典）の受容が，重要な学習内容として位置付けられている。

3　国語科の教師

　国語科の学習内容は，前記の言語要素と言語活動の四領域を柱として構造化することができようが，しかし，実際には，情報化社会に対応する情報活用能力や国際化社会に対応する異文化受容能力など，新しい分野の言語能力の養成が求められるようになってきている。そんな中で，児童生徒の国語力は，近年ますます低下してきていると言われる。しかも，小学生から始まる児童生徒の「国語離れ」「国語嫌い」には，未だ歯止めが効いていないというのが実情である。まさに国語教育にとっては危機的な状況である。今日，国語の教師は，そんな状況に立ち向かわなければならない。と言うより，国語教師こそが，そんな状況を克服する鍵を握っているのである。

　国語学習において，教師は，生徒と「読む」「書く」「話す・聞く」の言語活動の場を共にする。生徒の声に耳を傾け，生徒の言葉を我がこととして受けとめる時，教師は，生徒と言語活動の実の場を共にするのである。

　例えば，古典短歌を取り上げ，語句の注釈を示しながら，その歌の解釈を生徒にさせる時，教師は自らもその情景を思い浮かべ，その解釈を試み，さらに補い，あるいは正して，生徒と追究としての〈読み〉の過程を共有する。すなわち，〈読み〉の学習において，教師は指導者でありながら，自らも一人の読者である。生徒の言葉を受けとめつつ，生徒と共に読み，生徒と共に自らも一人の読者となる。そこに，国語の教師であることの責任と喜びとがある。

　教師が，一人の読者として生徒と共に読む時，生徒も一人の読者となり，教師と共に読むのである。言葉の学びの場において，教師が生徒の視点に立つ時，生徒は教師と読みを共有する。そこに，生徒にとっての学ぶ喜びが生まれるのではないだろうか。国語教育において，国語教師は生徒と言葉を共有する。言葉を仲立ちとすることで，生徒と共に生きる。国語教師になるということは，そのような生徒と共に言葉の学びの場に立つということだ。

　教員免許状をとるということは，確かに一つの目標ではあるに違いない。しかし，教育の勉強は，そこが到達点ではない。教師は，生徒と共に，絶えず学び続けなければならない。教師になるということは，生徒と共に学び続けるということ，学び続ける喜びを共にするということだ。教師は，そこに，自分が教師であるということの真の喜びを見いだすのではないだろうか。

（田近洵一）

第二節
国語科教育の動向と展望

1　現行の学習指導要領の成立まで

(1) 言語活動の充実と国語科

　学習指導要領ができあがる前に，中央教育審議会より「幼稚園，小学校，中学校，高等学校及び特別支援学校の学習指導要領等の改善について」という答申がなされる（以下，「答申」と言う）。学習指導要領は，この「答申」に基づいて作成されることになる。

　さて，この「答申」中の「7，教育内容に関する主な改善事項」の第1番目に挙げられているのが「（1）言語活動の充実」である。そこに書かれている一部を抜き出してみる。

　　各教科等における言語活動の充実は，今回の学習指導要領の改訂において各教科等を貫く重要な改善の視点である。

　　（一部略）国語をはじめとする言語は，知的活動（論理や思考）だけではなく（一部略）コミュニケーションや感性・情緒の基盤でもある。

　　このため，国語科においては，これらの言語の果たす役割に応じ，的確に理解し，論理的に思考し表現する能力，互いの立場や考えを尊重して伝え合う能力を育成することや我が国の言語文化に触れて感性や情緒をはぐくむことを重視する。具体的には，特に小学校の低・中学年において，漢字の読み書き，音読や暗唱，対話，発表などにより基本的な国語の力を定着させる。また，古典の暗唱などにより言葉の美しさやリズムを体感させるとともに，発達の段階に応じて，記録，要約，説明，論述といった言語活動をおこなう能力を培う必要がある。

　　各教科等においては，このような国語科で培った能力を基本に，知的活動の基盤という言語の役割の観点からは，例えば，

- 観察・実験や社会見学のレポートにおいて，視点を明確にして，観察したりした事象の差異点や共通点をとらえて記録・報告する。（理科，

社会等)
- 比較や分類,関連付けといった考えるための技法,帰納法的な考え方や演繹的な考え方などを活用して説明する。(算数・数学,理科等)(以下略)

以上のように,今回の学習指導要領の改善事項の第1に挙げられた「言語活動の充実」は,各教科等にわたってなされるものであり,その中核に国語科が位置しているということになっている。

(2) 言語活動を充実させるに至った経緯

これまでは言語を身に付けさせる教科といえば,「国語」と「外国語」であった。それが上記のように改善されたのは,平成16年の文化審議会答申「これからの時代に求められる国語力について」による。その中の「2　社会全体にとっての国語」で,国語の役割を次のように述べている。

　　国語は,長い歴史の中で形成されてきた我が国の文化の基盤を成すものであり,また,文化そのものでもある。国語の中の一つ一つの言葉には,それを用いてきた我々の先人たちの悲しみ,痛み,喜びなどの情感や感動が集積されている。我々の先人たちが築き上げてきた伝統的な文化を理解・継承し,新しい文化を創造・発展させるためにも国語は欠くことのできないものである。
　　また,国語は,学校教育のあらゆる教科の様々な学問の基盤であり,自然科学の分野においても,その重要性は全く変わるものではない。(以下略)

このように「国語」をとらえることによって,「国語」は「あるゆる教科の様々な学問の基盤」として位置付けられた。例えば,算数・数学には奇数,偶数,平行,以上,以下,未満など,物事を算数・数学的に考えていくための国語(言語)があるように,私たち日本人は,自然科学の分野も含めて国語によって様々な物事を考え,判断し,表現してきたのである。しかし,これを,「国語による活動」すなわち「国語活動」と言ってしまうと教科としての国語と混同され紛らわしい。そこで,「国語活動」という言い方は避けられて「言語活動」という言い方がなされているのである。

　また,この間,PISA調査と呼ばれるいくつかの国際的な学力調査がなされ

た。この調査で日本の生徒の思考力，判断力，表現力の低下が明らかとなった。これらの能力が言語と深くかかわることは前述のとおりであり，これも言語活動を充実させる理由の一つとなったのである。

(3) 教育基本法の改正

平成18年12月，60年ぶりに教育基本法が改正された。これに基づいて「学校教育法」「学校教育法施行規則」「学習指導要領」等が改正されるわけだが，「答申」の中では，次のように述べられている。

> 教育基本法第2条に規定された教育の目標において，今後の教育において重視すべき理念として，従来から規定されていた個人の価値の尊重，正義と責任などに加え，新たに，公共の精神，生命や自然を尊重する態度，伝統や文化を尊重し，我が国と郷土を愛するとともに，国際社会の平和と発展に寄与する態度を養うことが規定された。(以下略)

国語科においては，ここで述べられていることすべてとかかわるのは当然のことだが，特に「伝統や文化を尊重し，我が国と郷土を愛するとともに，国際社会の平和と発展に寄与する態度を養うこと」と大きなかかわりをもつこととなる。

2　現行「学習指導要領　国語」への展開

以上の動向を踏まえて現行の「学習指導要領　国語」の改善点を見ておく。その一つは，これまで［言語事項］と言われていた部分が［伝統的な言語文化と国語の特質に関する事項］に改められたことである。これについて，「中学校学習指導要領解説　国語編」の中の「3　国語科改訂の要点」には，

> 伝統的な言語文化は，創造と継承を繰り返しながら形成されてきた。それらに親しみ，我が国の言語文化を継承し，新たな創造へとつないでいくことができるように内容を構成している。例えば，第1学年では文語のきまりや訓読の仕方を知って音読すること，第2学年では古典に表れたものの見方や考え方に触れること，第3学年では歴史的な背景などに注意して古典を読むことなどを取り上げている。

と解説されている。

次に,「言語活動の充実」に関してであるが,これまでは「言語活動例」として「指導計画の作成と内容の取扱い」中に示されていたものを,「内容」の（2）として再構成された。その理由を「これは,各学年の内容の指導に当たって,（1）に示す指導事項を（2）に示す言語活動例を通して指導することを一層重視したためである」と解説されている。さらにこの項目について,

　「話すこと・聞くこと」,「書くこと」及び「読むこと」の各領域においては,基礎的・基本的な知識・技能を活用して課題を探求することのできる国語の能力を身につけることができるよう,内容の（2）に社会生活に必要とされる発表,案内,報告,編集,鑑賞,批評などの言語活動を具体的に例示している。学校や生徒の実態に応じて様々な言語活動を工夫し,その充実を図っていくことが重要である。(以下略)

と解説されている。

　以上,2点の改訂が大きなところであるが,このほか,

・例えば,「書くこと」においては,指導事項が「課題設定や取材」「構成」「記述」「推敲」「交流」といったぐあいに「学習過程の明確化」が図られていること。

・例えば,「読むこと」の文学的な文章においては,第1学年で「場面の展開や登場人物などの描写に注意して読むこと」,第2学年では「登場人物の言動の意味などを考えて読むこと」,第3学年では「場面や登場人物の設定の仕方をとらえて読むこと」といったぐあいに,「学習の系統性の重視」が図られていると同時に,「解説」の付録4として「各学年の目標及び内容の系統表」が付け加わっていること。

という2点にも今後の動向も含めて注目しておきたいところである。

　　　　　　　　　　　　　　　　　　　　　　　　　　（鳴島　甫）

第三節
国語科教育の課題

1　国語科ではなにを教えるのか

　このことは，歴史的な経緯もあり，悩ましい問題である。国語科は，言語で表現された内容とその表現を支えている言語の形式をともに指導内容として取り上げてきた。このため，国語科の教材は，表現内容と表現形式がともに適切でかつ豊かなものが選ばれる。ただ，教材というものは，同一の教材であっても，指導の目的によって取り扱う内容が変わることから，理想の人間像や民族精神の涵養を目的に，教材の内容面での理解が優先されることもあれば，国語の基礎的な知識や表現技法を学力として系統的に指導する目的で，特定の言語形式が繰り返し取り上げられることもある。こうした国語科で教える内容と形式の取り扱いについては，戦後，学習指導要領が共通理解を図る一定の役割を果たしてきたが，実際の授業では，その都度，個々の教師の見識と学習者一人一人の能力や興味に応じて決まるものである。また，本来，授業というものは，あらかじめ用意された特定の授業プランではカバーできない，一人の教師の視野ではとらえ切れない豊かさをもっている。このため，既存の授業プランの受け売りやその繰り返しだけでは，個々の学習集団が日常的に生み出す自然で豊かな学習の本質には近づけない。むしろそのために授業のダイナミズムが矮小化されルーチン化することになる。そうならないためにも，国語科でなにを教えるのかをフリーハンドで考える視点を見失わないことがまず教師の基本的な課題となる。

　この基本的な課題と正対するためには，教師自身や学習者が置かれている時代状況を的確に把握する力や国語教育の遺産を批判的に継承する力が必要になる。読むことの指導を例に挙げれば，これまでの国語科では「読解指導」が支配的であったという事実を相対化する視点が必要になる。文学的文章では「主題指導」を，説明的文章では「段落指導」や「要約指導」を主たる内容とする伝統的な方法は，読むことの指導としてはかなり限定されたものである。広く社会で行われている読むことの多様な姿を視野に置けば，自ずから，こうした

日本の読みの指導の偏りも明らかになる。この点については，国語教育の歴史を振り返ることで，別の方法が様々に開拓されてきた事実へと目を開かれることになる。そしてなによりも重要なことは，自らが置かれている時代（社会的文化的状況）を直視することである。少なくとも，この四半世紀，時代は大きく変化し，高度情報社会となった現在，読むことの実態はかつてない変化を被っている。読むことを支えるメディアは激変し，そのために原理的にも方法的にもそこに様々な可能性が生まれている。しかし，一方で，この変化は計り知れない負の作用を伴っている面がある。こうした21世紀が直面する新たなまた深刻な教育的課題は，もとより，読むことに限らない。改めて，時代状況に即して，「読み書き聞き話す」領域での国語科学習指導の目的と内容と方法が再考されなければならなくなっている。新たに到来したネット社会に生きる学習者に求められる国語学力とはなにか。これが現在の国語科の課題を集約する問いである。

2　国語科の現代的課題はなにか

　明治期以降の国語教育百年の遺産を踏まえて，新たに国語科が引き受けるべき21世紀の課題を取り上げる。

(1)　言語活動領域のバランスのとれたカリキュラムを開発する

　日本に限ったことではないが，母語教育はしばしば読むことが中心となり，そこから脱却できていない現状がある。そこで，「読み書き聞き話す」という4つの活動領域のバランスをどうとるかが基本的な課題となる。各領域の言語活動にどう配慮すれば豊かでかつ社会生活に生きて役立つ国語学力が育つのか。この問いに答えるには，各領域の言語活動をそれぞれどう関連付けるかについて学習者の立場に立って考えることが重要になる。書くことも話すことも苦手な学習者は多い。学習者の苦手意識に耳を傾け，学習者の具体的な授業での反応を見つめながら，目の前にいる学習者の学びの過程がどうすれば意欲的なものへと変化するのかを考えてみることである。なお，「読み書き聞き話す」言語活動は国語科に限らず，すべての教科の学習指導を支えるものである。このため，言語活動は教科を超えて重視されるようになってきているが，ただ，機

械的に多様な言語活動を取り入れるだけでは，結果として，「活動あって学びなし」ということになりかねない。学習者の側での実質的な学びはいつ成立するのかという視点に立って，学校での学習者の全体としての学びを支えていくことも新たな課題となっている。

（2）言語活動領域別の現代的課題を明確にする

次に，それぞれの言語活動領域ごとの具体的な課題を考えることがわかりやすい。その場合は，「読み書き聞き話す」ことをめぐるそれぞれの国語教育史の遺産とその現代的課題が交差する論点を明らかにすることが重要になる。

読むことの領域を例に挙げれば，「読解指導」として伝統的に進められてきた「解釈」（確かな読みの力を育てる方法）について批判的に継承するとともに，その限られた狭い読みを本来の多様な読みへと拡充することで，学習者の主体的で生産的な読み（豊かな読みの力を育てる方法）を開発することが新たな課題となる。作者・作品中心の「解釈」から読者・テクスト中心の「批評」へと視野を拡大すると考えるとわかりやすいであろう。また，こうした新たな枠組みへと移行することが，結果として，次の変化をもたらすことになろう。1）学習者の側により重心を移動する，2）受容型から発信型へと学習のスタイルを変える，3）情緒的な面よりも論理的な面を重視する，4）精読主義から多読主義へと読みのスタイルを変える，5）学習者の自主的なアクセスによる情報読みを促す，6）多様な種類の文章や複合的なメディアへの対応力を高める。

ほかの「書き聞き話す」の3つの活動領域ごとの課題の例示は省略する。

（3）言語の教育としての立場から考える

学習指導要領では，「読み書き聞き話す」活動領域のほかに，「言語事項」（平成20年版からは「伝統的な言語文化と国語の特質に関する事項」に改編された）を設けて，指導内容のバランスをとることが行われてきた。国語科が豊かで確かな国語学力を保証するためには，「活動あって学びなし」とならないよう，各言語活動を支える「言語の知識と技能」を学力として確実に定着させる必要がある。

しかし，こうした趣旨で設定された「言語事項」についての理解は，むしろ，表面的で形式的なものにとどまっている。これまでは「文学教育」が支配的であったこともあり，「言語教育」として「国語科教育」をとらえ直す視野はまだ十分に確保されているとは言えない。ここにも，国語科の主要な課題がある。言語の本質や機能，社会的関係への作用力など，言語の社会的文化的波及力は計り知れないものがある。この言語の本質論を含む，現代の「言語研究」の成果を教育的視野に収めることは，時代の変化を超えて，国語科の本質的な課題である。

（4）時代の変化，そして学力観・学習観・授業観の変化に応じる

「近代」から「ポスト近代」へという時代思潮の根本的な転換は，教育をめぐる諸制度に様々な変革を促している。この変革は，教育の基本概念にも再定義を迫るもので，学力観・学習観・授業観の変化となって現れている。近代の学校教育制度に再考を迫る「生涯学習体系への移行」は，これまで学校で教えてきたこと（学校知）の批判的検討を促しており，これまでの学習観（あらかじめ準備された知識や技能を個々人が獲得すること）から，新しい学習観（社会的文化的な他者とのかかわりによって意味を生成すること）へと発想の転換を迫るものである。具体的には，PISA型学力[*1]の考え方に代表されるように，グローバル化した21世紀の知識基盤社会で生きて役立つ国語学力とはなにか，またそれをどう育てるかは，学習者が置かれている状況から言っても喫緊の課題である。この課題は，これまでの国語科が未経験の部分も多く，単なる歴史的遺産との接続を図るという発想では解決しない可能性がある。インターネットや携帯端末，電子書籍やデジタル教科書など，ネット社会に代表されるマルチメディア環境下での言語表現のスタイルの変化にどう実践的に対応するか，これが時代が突きつける現代的課題である。

（塚田泰彦）

---

*1　PISA型学力　PISAとは，Programme for International Student Assessmentの略。知識や技能を，実生活の様々な場面で直面する課題にどの程度活用できるかどうかで評価する。

第二章　中学校の国語科

第一節
中学校国語科の目標と内容

1　中学生の実態

(1) 社会参加の姿勢と志向

　中学校は，義務教育の最終段階として，社会参加能力の育成を重視する。学習の内容が社会的な問題を反映したり，ほぼ言語文化そのものであったりというように社会的な現実に近いものになる。実際の社会的な問題や文化がそのまま等量，等質で学習内容となるわけではないが，少なくとも言語抵抗面では社会的な言語とさほど差がないものとなってくる。もちろん，1年生教材と3年生教材とでは，専門性や文体などにおいて差があり，中学校3年間を一括りにして教材が設定されているわけではなく，3年間の段階性は明確に見られる。

　例えば，文学作品の三大教材といわれ，ほぼ全教科書会社の共通教材となっている「少年の日の思い出」（ヘルマン＝ヘッセ），「走れメロス」（太宰治），「故郷」（魯迅）は，いずれも成人対象の，いわゆる一般的な文学作品を教材化したものであって，思春期向けに書かれたものではない。説明的文章教材においては，共通教材はないが，内容的に同様である。

　また古典の本格的な学習がはじまるのも中学校国語科であり，1年生「竹取物語」，2年生「平家物語」，3年生「奥の細道」は，採用の部分は異なるものの，これも定番化されているといってよい。

　書くことの学習内容，聞く・話すことの学習内容についても，ほぼ同じ傾向を示している。

　これらの状況は，中学校国語科が，読解力，読書力，作文力，話表力，聴解力などの諸国語能力において，社会参加能力を強く意識していることを示しているし，また守備範囲の狭い小学校国語科の学習から急速に社会的な学習へと広がっていくことを示している。

　これは，一つには社会的な要請・要求と見ることができる。卒業後（高校に進学するとしても），待ち受ける社会の接点として学校教育が存在するという

見方である。国語科の場合は，社会で生きていくために必要な能力の育成を中学校国語科教育に要請しているということになる。

　また一つには，小学生から中学生へかけての認識能力の発達ということが考えられる。認識能力が発達するということは，認識内容が増大するということである。自分の取り巻く社会的な状況についてとらえていく力が高まるということは，社会的な興味・関心，そして問題意識が強化されるということである。そうなると，学習内容として社会的な問題を扱ったものや社会的な背景が明確なものを志向することになる。

（２）阻害要因の増大

　社会参加能力，社会参加志向というものは，いわば中学校期の正の面である。積極的な姿勢や内面というものを前提とする考え方である。中学校期の生徒たちは，そのような正の面だけをもち合わせているわけではない。成人社会がもっている不安定な面，安易な面にも目を向けやすい。

　例えば，性や暴力などに対する異常な関心を反映したサブカルチャーへの不用意な接近も行われやすい。いわば生徒指導上の問題点が国語科学習にもよくない影響を及ぼす。しかしそういう状態に陥っても，国語は特に問題だと認識されにくい。さほど努力を払わなくても，何の学習が行われているか，どういう内容かは，それなりに理解できるからである。とりあえず，何も特にがんばらなくてもいいのではないか，いつでも取り組めるのではないかという安易な意識に陥りやすい。もちろん，難解な語彙や古典などの学習に際しては，そのような安直な姿勢では対しきれないが，ここでは役にも立たない語彙や古典などを勉強してどんな価値があるのかという，方便的な逃げ道を見いだすことになる。

　国語科学習に対する後ろ向きな姿勢は，単に学習内容から発生するのではない。教科の特性として，例えば体育では体を動かすし，音楽では音声や楽器によって表現をおこなう。国語科の場合は，作文やスピーチなどで表現の機会が得られることもあるが，大半は言葉を媒介としながら，自分の内面で様々な思考をおこなうという地道で顕在化しにくい知的作業に従事しなければならない。通常の学習活動では，解放感や達成感が得にくいという性格をもっている。

このような負の面に対しては，学習規律の明確化，言語活動の目的の明確化，さらに言語活動の生活への積極的な反映など，様々な解決策が講じられているが，決定的な方策が見いだされるところまでは至っていない。

(3) 中学校国語科の任務

　ここで考えなければならないことは，国語教室の中で社会参加の見通しをもっているのは，基本的に教師だけであることだ。生徒の実状，現状に合わせすぎると，十分なレベルの国語能力の育成を図ることが難しくなる。社会参加のプランナーとして十分な視野と計画性をもつことが必要となる。そのうえで，学習内容の可否，適否を判断し，学習方法を考案していくことが求められる。
　また生徒の背景や状況が個別に特徴化することも考慮しなければならない。様々な障害的な傾向に対応することも必要であるし，また到達点から発想することが難しいほど国語能力が備わっていない場合には，出発点，通過点を重視した個別のプログラムも必要になる。

2　学習指導要領の変遷
　　―平成10年学習指導要領から平成20年学習指導要領へ―

(1) 学習指導要領改訂の背景

　今回の学習指導要領改訂は，背景的に様々な要因を抱えている。
　最も大きなものは，2004年のPISA調査の結果公表である。2003年に実施されたPISA調査の結果は，読解力の低下を示すものであり，また新しい読解力（リテラシー）概念を強く打ち出すものでもあった。この傾向は，2006年調査（2007年公表）でも同様で，学習指導要領改訂に大きな影響を及ぼした。いわゆる活用の強調である。また「言語活動例」の文言にも見られるように座学的な学習では不十分で，それを「活動」に結び付ける必要があると訴えた。
　また朝の読書運動提唱（1988年）以来，読書の重要性が再注目されてきていたが，PISA調査，全国学力・学習状況調査の質問紙調査で改善点が見いだされ，今回の学習指導要領に明確に位置付けられた。

(2) 平成20年告示学習指導要領の求めるもの―総則から―

総則の「第一　教育課程編成の一般方針」に，次のような文言がある。

　学校の教育活動を進めるに当たっては，各学校において，生徒に生きる力をはぐくむことを目指し，創意工夫を生かした特色ある教育活動を展開する中で，基礎的・基本的な知識及び技能を確実に習得させ，これらを活用して課題を解決するために必要な思考力，判断力，表現力その他の能力をはぐくむとともに，主体的に学習に取り組む態度を養い，個性を生かす教育の充実に努めなければならない。その際，生徒の発達の段階を考慮して，生徒の言語活動を充実するとともに，家庭との連携を図りながら，生徒の学習習慣が確立するよう配慮しなければならない。

総則の段階において，国語科における重要なキー概念の多くが示されている。「生きる力」，「基礎的・基本的な知識及び技能」の「確実」な「習得」，「課題を解決する」，「思考力，判断力，表現力」，「言語活動の充実」，「学習習慣」の「確立」などである。「生きる力」の育成のために様々な目標が掲げられていることがわかる。特に課題解決学習（問題解決学習）を重視し，そのための基礎・基本の習得，思考力，判断力，表現力の育成，さらに言語活動を充実することなどをうたっている。また学習習慣への着目も要点といえる。

(3) 国語の目標，時間数，考え方

国語の目標として，次のことが示されている。

「国語を適切に表現し正確に理解する能力を育成し，伝え合う力を高めるとともに，思考力や想像力を養い言語感覚を豊かにし，国語に対する認識を深め国語を尊重する態度を育てる。」

目標においては，平成10年学習指導要領からの変更はない。時間数が，第2学年「105時間」が「140時間」に増加した点，選択の時間数が廃止された点などが大きな変更点である。また「各学年の目標及び内容」の示し方では，平成10年学習指導要領が一括りにしていた「第2学年及び第3学年」が各学年が独立する形に改められた。国語科の重視，重点化が認められる改訂となっている。

領域の考え方にも変更が加えられた。従来は,「話すこと・聞くこと」,「書くこと」,「読むこと」,「言語事項」の3領域1事項であったが,「言語事項」の部分が,「伝統的な言語文化と国語の特質に関する事項」となった。古典重視の姿勢が見られる改訂である。もっとも,これは小学校の改訂において大きな変化となったもので,中学校では,これまでも古典をある一定量扱っていたので,項目名の変更は別として内容的に劇的な変化とはならなかった。
　各学年の目標及び内容の特徴の主要点について考える。読むことの領域を取り上げると,全体的に項目ごとの記述の量が増え,具体性が増している。例えば,第1学年においては,次のような変更が見られる。
［平成10年学習指導要領］

　C　読むこと
　　ア　文脈の中における語句の意味を正確にとらえ,理解すること。
　　イ　文章の展開に即して内容をとらえ,目的や必要に応じて要約すること。
　　ウ　文章の中心の部分と付加的な部分,事実と意見などを読み分けて,文章の構成や展開を正確にとらえ,内容の理解に役立てること。
　　エ　文章の展開を確かめながら主題を考えたり要旨をとらえたりすること。
　　オ　文章に表れているものの見方や考え方をとらえ,自分のものの見方や考え方を広くすること。
　　カ　様々な種類の文章から必要な情報を集めるための読み方を身に付けること。

［平成20年学習指導要領］

　（1）読むことの能力を育成するため,次の事項について指導する。
　　ア　文脈の中における語句の意味を的確にとらえ,理解すること。
　　イ　文章の中心的な部分と付加的な部分,事実と意見などとを読み分け,目的や必要に応じて要約したり要旨をとらえたりすること。
　　ウ　場面の展開や登場人物などの描写に注意して読み,内容の理解に役立てること。

> エ　文章の構成や展開，表現の特徴について，自分の考えをもつこと。
> オ　文章に表れているものの見方や考え方をとらえ，自分のものの見方や考え方を広くすること。
> カ　本や文章などから必要な情報を集めるための方法を身に付け，目的に応じて必要な情報を読み取ること。

「ア，オ」だけがほぼ同じ内容であり，それ以外には意図的な変更が見られる。「ウ」などは，明確，かつ具体的に文学の読み方を示す内容となっている。またこの後，言語活動例として，次のような文言が付されている。

> （2）（1）に示す事項については，例えば，次のような言語活動を通して指導するものとする。
> ア　様々な種類の文章を音読したり朗読したりすること。
> イ　文章と図表などとの関連を考えながら，説明や記録の文章を読むこと。
> ウ　課題に沿って本を読み，必要に応じて引用して紹介すること。

明らかに活動的であり，また社会参加能力としての国語力を意識した記述が行われていると言える。

3　今後の中学校国語科の内容と目標

今後の中学校国語科教育の在り方を考えるうえで必要なことは，学習者の実態，社会参加能力としての国語力，教育行政的な指針としての学習指導要領の的確な理解などである。これらの諸条件を常に勘案し，適切な方向性と必要な学習内容を確定していくことが重要である。

（植山俊宏）

◆参考文献◆
＊鶴田清司「各教科における言語活動と国語科における言語指導の方法」『言語の力を育てる教育方法』（日本教育方法学会編，図書文化，2009年）
＊文部科学省『中学校学習指導要領』2010年

第二節
中学校国語科における「話すこと・聞くこと」の学習指導

1 「話すこと・聞くこと」領域の概説

(1)「話すこと・聞くこと」領域は国語科学習指導の基本

　「話すこと・聞くこと」が，いわゆる「国語科における3領域1事項」の筆頭に置かれているところに注目したい。国語の学習活動においても，また，日常生活においても，「書くこと」と「読むこと」よりも，「話すこと・聞くこと」をおこなう機会，時間が最も多く，その意味において，「話すこと・聞くこと」は，言語生活や国語科学習指導の基本であるということができよう。

(2)「話すこと・聞くこと」領域の指導事項の構成

　指導事項は，次のような構成になっている。
① 話題設定や取材に関する指導事項
② 話すことに関する指導事項
③ 聞くことに関する指導事項
④ 話し合うことに関する指導事項

　この構成は小学校とも共通のものである。
　「話し合うこと」に焦点が当てられていることに注目したい。「話すこと・聞くこと」の力を「話し合う」という形で活用する力を身に付けることが重視されているということである。

(3)「話すこと・聞くこと」領域の配当時間

　各学年の内容の「A　話すこと・聞くこと」の指導に配当する授業時数が，次のように明示されている。
　　〔第1学年及び第2学年〕…年間15〜25単位時間程度
　　〔第3学年〕…年間10〜20単位時間程度

（4）「話すこと・聞くこと」領域の言語活動例

　指導事項については，例えば，次のような言語活動を通して指導するものということが明示された。
〔第1学年〕
ア　日常生活の中の話題について報告や紹介をしたり，それらを聞いて質問や助言をしたりすること。
イ　日常生活の中の話題について対話や討論などを行うこと。
〔第2学年〕
ア　調べて分かったことや考えたことなどに基づいて説明や発表をしたり，それらを聞いて意見を述べたりすること。
イ　社会生活の中の話題について，司会や提案者などを立てて討論を行うこと。
〔第3学年〕
ア　時間や場の条件に合わせてスピーチをしたり，それを聞いて自分の表現の参考にしたりすること。
イ　社会生活の中の話題について，相手を説得するために意見を述べ合うこと。

（5）「話すこと・聞くこと」領域の言語活動例と教科書教材

　実際の学習指導においては，教科書教材を用いることがほとんどであろう。例えば，教科書（東京書籍）には，第1学年の言語活動例（ア）をもとにした単元名と「具体の評価規準」が示されている。
○教科書単元：聞き取って整理しよう（3時間扱い）
具体の評価規準：メモをとりながら話を聞き，共通点や相違点に注目して，自分の考えをまとめている。／メモをとりながら話をしっかりと聞き，自分の考えとの共通点や相違点を整理している。／メモのとり方や，しっかりと話を聞くためのポイントを理解している。

（6）言語活動を教師自身がつくる

　あくまで言語活動「例」であることを忘れずにいたい。言語活動例が「日常生活」など一般的な用語によって記述されているのは，教師自身が言語活動を

つくることができることを保証しようという意図があることを忘れずにいたい。

2　目標・内容

(1)「話すこと・聞くこと」領域の目標

「話すこと・聞くこと」領域の目標は次の通りである。

　① 目的や場面に応じ，日常生活にかかわることなどについて構成を工夫して話す能力，話し手の意図を考えながら聞く能力，話題や方向をとらえて話し合う能力を身に付けさせるとともに，話したり聞いたりして考えをまとめようとする態度を育てる。

平成10年版学習指導要領と比べると，「日常生活にかかわることなどについて」が加えられており，さらに，「話す能力」「聞く能力」「話し合う能力」の3つに分けて記述されたという変化を指摘できる。

(2)「話すこと・聞くこと」領域の内容—ステップを踏んだ指導内容—

指導事項が次の4つの枠組みによって構成されていることは，先に述べた。
① 話題設定や取材に関する指導事項／② 話すことに関する指導事項
③ 聞くことに関する指導事項／④ 話し合うことに関する指導事項
① 話題設定や取材に関する指導事項である（ア）を例に，指導内容がステップを踏んで示されていることを確認する。

〔第1学年〕の（ア）…<u>日常生活</u>の中から話題を決め，話したり話し合ったりするための材料を<u>人との交流を通して</u>集め整理すること。

〔第2学年〕の（ア）…社会生活の中から話題を決め，話したり話し合ったりするための材料を多様な方法で集め整理すること。*1

〔第3学年〕の（ア）…社会生活の中から話題を決め，<u>自分の経験や知識を整理して考えをまとめ，語句や文を効果的に使い，資料などを活用して説得力のある話をすること</u>。*2

＊1　「日常生活」から「社会生活」へ，また，「人との交流を通して」から「多様な方法で」へとステップアップされている。
＊2　〔第3学年〕は，最終学年としてふさわしいものにするため，下線のようにさらにステップアップされている。

3　「話すこと・聞くこと」における評価規準をつくる

（1）単元にふさわしい指導事項を学習指導要領から選ぶ

　例えば【時事問題を語ろう―経験や知識を整理して話し意見交換する―】（3年）という単元を設定したとしよう。その単元の教材や学習活動にふさわしい指導事項を学習指導要領の「第3学年」の「A　話すこと・聞くこと」の指導事項から選ぶ。

　ア　社会生活の中から話題を決め，自分の経験や知識を整理して考えをまとめ，語句や文を効果的に使い，資料などを活用して説得力のある話をすること。

　ウ　聞き取った内容や表現の仕方を評価して，自分のものの見方や考え方を深めたり，表現に生かしたりすること。

　その際，「言語についての知識・理解・技能」に関する指導事項は，「伝統的な言語文化と国語の特質に関する事項」から選ぶ。

　イ（イ）　慣用句・四字熟語などに関する知識を広げ，和語・漢語・外来語などの使い分けに注意し，語感を磨き語彙を豊かにすること。

（2）選んだ指導事項をもとに「単元に即した評価規準」表をつくる

国語への関心・意欲・態度	話す・聞く能力	言語についての知識・理解・技能
①新聞やテレビなどから，中学生にふさわしい時事問題を選ぼうとしている。	①新聞やテレビなどから，中学生にふさわしい時事問題を選び，自分の経験や知識を整理して時事問題に関する考えをまとめ，語句や文を効果的に使い，資料などを活用して説得力のある話をしている。（ア） ②時事問題に関して，聞き取った内容や表現の仕方を評価して，自分のものの見方や考え方を深めたり，表現に生かしたりしている。（ウ）	①時事問題に関する記事や資料に用いられている，和語・漢語・外来語などの使い分けに注意し，語感を磨き語彙を豊かにしている。（(1)イ(イ)）

(3)「単元に即した評価規準」表をつくる際の留意点

○「時事問題」「新聞やテレビ」「記事や資料」など、この単元の学習活動にふさわしいものになるように工夫し、「……している。」という文末表現を用いる。
○「国語への関心・意欲・態度」は単元の学習活動にふさわしいものを設定し、「……しようとしている。」という文末表現を用いる。

4 「話すこと・聞くこと」の学習活動例

(1) 単元「創造的に聞く力を身に付けよう」(3年)

　本授業実践は中西直子教諭(静岡県小山町立小山中学校)によるものである。学習活動の流れは次の通りである
　1．話の内容に応じたメモのとり方を工夫しよう　2．メモのとり方について分類・整理しよう　3．話し合いに生かすメモのとり方を学ぼう―マップメモ―①　4．話し合いに生かすメモのとり方を学ぼう―マップメモ―②　5．黒板にマップメモを描こう　6．メモを討論に活用してみよう　7．身に付けた力を振り返ろう―マップメモを活用して―
　学習活動の内容が具体的に示され、つながっているところに注目したい。「メモ」というこの学習活動のキーワードによって、学習活動が貫かれているところもすぐれたところである。

(2)「2．メモのとり方について分類・整理しよう」の授業風景

　次の授業風景画像は、単元「創造的に聞く力を身に付けよう」(3年)の一場面である。メモのとり方について生徒が紙に書いた考えを、黒板の上において「聞く」「話す」「能動的」「受動的」の4つのマトリックスに分類している。
　このように「生徒から引き出す」ことが授業においては重要である。

（3）討論「住みやすい町にするためには」のメモ例

　次のメモは，討論「住みやすい町にするためには」の中で生み出されたメモの一例である。

　「地元の人が住みやすいように，商店街を活性化。」「自然を生かす。」「子どもやお年寄りの住みやすい町。」「若者や家族に来てもらう。」「観光地にする。」などの意見が出され，それに対して「例えばどんな名物」「自然を壊す」「交流とは」「お金は？」という反論がなされ，豊かな「討論」になったことがうかがえる。何よりこのようなメモをとることができる力が身に付いたということがよくわかり，「創造的に聞く力を身に付けよう」という単元の目標が達成できたと言うことができよう。「話すこと・聞くこと」の学習指導においては，この「メモ」のように，「書くこと」の学習活動が組み合わされることが多いことにも注目したい。

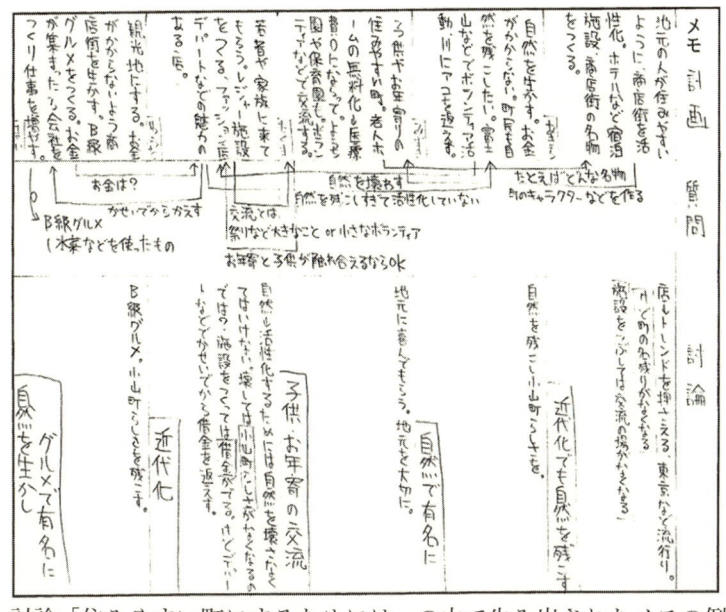

討論「住みやすい町にするためには」の中で生み出されたメモの例

（堀江祐爾）

第三節
中学校国語科における「書くこと」の学習指導

1　概説

　国語科における「書くこと」の領域は，作文と書写を包含するものであるという整理の仕方もあるが，現行の学習指導要領では書写に関する指導すべき事項は〔伝統的な言語文化と国語の特質に関する事項〕に示されており，「書くこと」の領域は文章を書くことについての領域，いわゆる作文の領域として位置付けられている。

　日本の教育における作文の指導は長い伝統を有するものである。明治5年に示された文部省小学教則国語科目には「書牘作文」の名称が見られ，書簡文をつづることが内容とされていた。その後，作文は目標や内容が変わっても，国語教育で重要な位置を占めてきたのである。

　それだけに作文教育の目標や内容については多くの主義主張があり，論争もあった。それらの主義主張にはそれぞれ一理あり，今日の作文教育の在り方に影響を与えているものも多い。ここではそれらも意識しながら，学習指導要領を中心とする現在の作文教育の考え方を整理しておく。

(1) 国語科における作文教育の立場

　国語教育における作文指導とは別に，小中学校においては作文が学級経営や生活指導，進路指導，道徳などを背負ってきた経緯がある。これにより作文指導において，内容や生徒の考え方を必要以上に重視する傾向がある。国語科で作文指導をする場合は，教科目標や指導事項に照らして内容を吟味し，特別活動等における作文とは区別していく必要がある。

(2) 作文教育における模倣

　明治期に盛んだった範文の模倣は，生徒の主体的な思考や個性と関連しないものとして現在はあまり重視されていない。生徒が自分で考え，自分の感性で著すことが大切なことは言うまでもない。しかし，良文を範文として視写したり

模倣したりすることは文章表現技能を向上させるうえで一定の効果が認められる。

(3)「文芸主義」と「実用主義」

　前者は作文教育の目標を文芸的に高度な文章を書かせることに置き、後者は伝えるべきことが正しく伝わる文章を書くことに置くというものである。これは説明的な文章と文学的な文章とで読み方が異なるように、小説、随筆、詩などを書く場合と、催し物の案内文や説明文、論説文等の文章を書く場合とによって目指すことが異なることと関連する。現行学習指導要領は「目的や意図」に応じて書くことを重視している。感動や感銘を読者に与えたいのか、内容を正しく伝達したいのかなど、その時の作文の目的を明確にすることが大切である。前者の場合でも義務教育における国語教育は小説家を育成することが目的ではないのだから、必要以上に美しい修辞などを求める必要はないといえよう。

(4)「作品主義」と「作文主義」

　作品主義とは結果的によい文章（作品）ができればよいという考え方である。作文コンクールなどは、できあがった作品のみを評価するという点において、この考え方に近い。これに対して作文主義は、作文を通して表現力の育成、思考力や想像力の育成、言語能力の育成等を目指すものである。現在は後者の考え方が主流である。それぞれの作文活動において、生徒が何を獲得していくのかを明らかにしておく必要がある。

(5) 生徒の自主性と指導について

　作文指導は生徒の主体性、創造性を重視して行われるべきであるが、その考えがひとり歩きをすると何も教えない作文教育が横行することになる。教えるということは「生徒が発見する」という場合も含むが、一人一人の発想は大切にしたうえで、基礎的技能については伝えていく必要がある。

◆参考文献◆
＊野地潤家『作文・綴り方教育史資料上・下』おうふう、1982年、1986年
＊井上敏夫他編『新作文指導事典』第一法規出版、1982年
＊国語教育研究所『「作文技術」指導大事典』明治図書出版、1996年
＊望月久貴『明治初期国語教育の研究』溪水社、2007年

2　目標・内容

　現行学習指導要領における「書くこと」の目標と内容は次の通りである。

(1)「書くこと」の目標

　目標は全学年において，前段が書く能力，後段が書く態度について明らかにしている。前段に示された書く能力は「目的や意図に応じ」て書くことができる能力と整理されている。すなわち，状況や相手を考慮し「目的」と「意図」を明確に意識するなかで，書く内容や表現を工夫する能力の育成を求めているのである。これは小学校高学年から中学校第３学年まで共通のものである。

　後段に示された書く態度は，第１学年が「進んで文章を書いて考えをまとめようとする態度」，第２学年が「文章を書いて考えを広げようとする態度」，第３学年が「文章を書いて考えを深めようとする態度」と構造化されている。全体に，向上心に裏付けられた「考える態度」を育成することを求めているといえる。

(2)「書くこと」の内容

　内容は，各学年「課題設定や取材」「構成」「記述」「推敲」「交流」の５つの枠組みに整理された指導事項と言語活動例で構成されている。

　「課題設定や取材」は平成10年版学習指導要領に示された「発想や認識」「事柄や発見」「選材」を合わせたものである。材料はただ多くを集めればよいのではなく，目的に応じて必要な材料を集めるようにする。

　「構成」と「記述」は，第１学年で「段落の役割を」考えて，「根拠を明確にして」書く，第２学年で「自分の立場」を明確にして，「説明や具体例を加えたり，描写を工夫したりして」書く，第３学年で「文章の形態を選択して適切な構成を工夫」して，「論理の展開を工夫し，資料を適切に引用するなどして説得力のある文章を」書くことなどが示されている。

　「交流」は，平成10年版学習指導要領の「評価・批評」に代わって新設されたものである。生徒が互いの文章を読み合い意見を交わして，表現の参考にしたり，考えを広げたり深めたりすることをねらいとしている。

3 評価規準

　評価規準は，学習指導要領における指導事項の趣旨を生かし，単元の目標に応じて授業者が定めることが基本である。評価は，構成・記述などの各段階においておこなうことが大切である。国立教育政策研究所教育課程研究センターは，各学年における「書く能力」の評価の観点及び趣旨を次のように示している。

　　第1学年「目的や意図に応じ，構成を考え，自分の考えや気持ちを根拠を明確にして文章に書いている」

　　第2学年「目的や意図に応じ，構成を工夫し，伝えたいことが効果的に伝わるように文章を書いている」

　　第3学年「目的や意図に応じ，文章の形態を選択し，論理の展開を工夫して説得力のある文章を書いている」

　これらの趣旨を生かし，単元の目標に応じて評価規準を作成するのである。また，単元においては「国語への関心・意欲・態度」「書く能力」「言語についての知識・理解・技能」のそれぞれの評価規準を設ける。同センターは，評価規準作成の例として，第3学年「観光パンフレットを批評しよう」の単元の評価規準を示しているので抜粋する。

　　○国語への関心・意欲・態度[*1]

　　　　「複数の観光パンフレットの内容や体裁について関心をもち，批評する文章を書こうとしている」

　　○書く能力

　　　　「パンフレットについての自分の意見が読み手に伝わるような文章構成を考え，パンフレットの内容等を適切に引用しながら，批評する文章を書いている」（関連する指導事項（1）イ）

　　　　「書いた文章を互いに読み合い，論理の展開や資料の引用の仕方について評価して，自分の表現に役立てている」（関連する指導事項（1）エ）

　　○言語についての知識・理解・技能

　　　　「読み手に自分の考えが伝わるように，適切な語句を選択して使っている」

＊1　国立教育政策研究所教育課程研究センター『評価規準の作成，評価方法等の工夫改善のための参考資料　中学校　国語』教育出版，2012年

4　学習活動

(1) 言語活動

　学習指導要領には言語活動例として次のような文章を書くことが例示されている。これらは例示であるのでこのとおりに行わなくてもよいが，示された例の趣旨やレベルを考慮して，授業に言語活動を設定する。

第1学年　芸術などについての鑑賞文，図表などを用いた説明文や記録文，行事等の案内や報告文
第2学年　詩歌，物語，立場を決めた意見文，社会生活に必要な手紙
第3学年　批評文

(2) 実践事例

事例1　第1学年「職場訪問の記録を下級生に残そう」

　自らが特別活動の時間に体験した職場訪問の内容や様子，留意事項などを，次年度に体験する下級生のために記録文として残すことを目標とする単元である。文章を読むのは，職場訪問という行事に不安感や疑問をもっている下級生であり，文章を書く目的は，下級生が当該学年になったときに支障なく職場訪問に取り組めるようにすることである。作成した「職場訪問の記録」は冊子やパンフレットとして，次年度の下級生に配布することを伝え，相手意識と目的意識を明確にもたせた活動とする。

①単元の目標「図表などを用いて職場訪問についての記録の文章を書く」
②関連する指導事項「書くこと－(1)ア，イ」
③指導計画抜粋

1	・職場訪問で得た写真，パンフレット，メモなどの資料に加え，その仕事に関する資料を図書館やインターネットなどを活用して収集する。
2	・記録文の項目と具体的なレイアウトについて考える。 ・職場の名称，仕事の内容，必要な資格・免許，収入，将来の可能性，仕事の適性，勤務形態・時間，訪問しての感想等についてまとめる。 ・図や表などを用いた方がわかりやすい項目を考える。 ・見出しやキャッチコピーを考える。

3	・レイアウトを考えて書く。

④「書く能力」の評価規準・評価方法の例
　集めた材料を整理し，段落の役割を考えて図表などを効果的に使いながら，文章を構成している（観察，ワークシート，自己評価）。

事例2　第3学年「論語の言葉を引用して随筆を書こう」[*2]
　学習指導要領の〔伝統的な言語文化と国語の特質に関する事項〕における「伝統的な言語文化に関する事項」は，「話すこと・聞くこと」「書くこと」「読むこと」の指導を通して指導することになっている。本事例は，書くことの領域での指導例である。
①単元の目標「論語の意味を理解し，適切に引用して随筆を書く」
②関連する指導事項等「書くこと－（1）エ，伝統的な言語文化と国語の特質に関する事項－ア（イ）」
③指導計画抜粋

1	・論語の作者や成立した背景を確認し，代表的な言葉について理解する。 ・文章の意味を理解する。随筆の書き方を確認する。
2	・資料の言葉の中から一つを選び，自分の経験と結び付けながら，ワークシートに随筆の構想をまとめる。
3	・原稿用紙に随筆を書く。800字程度とする。
4	・書き上がった随筆を互いに読み合い，表現の仕方などについて意見や感想を交流する。

④「書く能力」の評価規準・評価方法の例
　「論語」の一節を適切に引用した随筆を書き，互いに読み合って表現の仕方を学び，自分の考えを深めている（ワークシート，自己評価）。

（田中洋一）

*1　東村山市立東村山第六中学校　石川俊一郎の事例　田中洋一編著『国語力を高める言語活動の新展開　書くこと編』東洋館出版社，2009年
*2　立川市教育委員会　中嶋富美代の事例　田中洋一編著『新しい教材と視点で創る古典の授業』東洋館出版社，2010年

第四節
中学校国語科における「読むこと」の学習指導

文学的文章

1　概説

　国語科の「読むこと」の教材は，大きくは文学的文章と説明的文章に二分される。このうち，文学的文章は，「中学校学習指導要領　国語」の「読むこと」の内容にある「詩歌・物語・小説」などのジャンルの作品を総称する用語である。それらは，日常生活における「楽しむ読書」とは異なり，国語の正確な理解力，伝え合う力，思考力・想像力，言語感覚等の育成を目指す学習に資するものとして教材化されている。

(1)「物語・小説」を読む

　まず，物語と小説には，どのような違いがあるのだろうか。『国語科重要用語300の基礎知識』では，「区別をつけるのは難しいところである」としながら，次のように解説している。
　　物語は「一者」としての語り手が作品世界の外側に立ち，出来事を語る形[*1]
　　態をとる。これに対して小説の場合は，作品世界の枠の外にいるのは作者
　　であるが，必ずしもそれは作品世界を統括しているわけではない。語り手
　　そのものが作者と一致しているわけでもない。時として，脱線や逸脱をも
　　許容するのが小説の本領であると言ってもいい。
　上記のような違いはあるものの，物語や小説などの文学作品（以下文学作品と記す）の特質の一つは，虚構性にある。虚構の在り方は，リアリティーのある現実的なもの，現実の世界と非現実の世界を行き来するもの，非現実の世界だけのものというように，様々である。読者は，そういった作品を読むことによって，自己の中に虚構世界をつくり出す。そして，非日常の世界に身を置い

---

*1　大槻和夫編『国語科重要用語300の基礎知識』明治図書出版，2001年

たり，日常の自己とは別の人生を生きたりする。

　また，それらの文学作品では，読者の想像力に働きかけてくる表現方法がとられている点も見逃せない。例えば，人物や情景の描写，対比，伏線，クライマックス，比喩，オノマトペ，倒置などが読者の感性に働きかけ，豊かなイメージを喚起する。

　このように，文学作品を読むということは，とりもなおさず「文字・書き言葉，理解，文学性という筋を本道とする言葉学びの活動という位置付けになる」ということである。そして，その読みの対象としての「文学性」を，中洌正堯氏は，「説明性」と対比的に弁別し，次のように図式化している。[2]
[3]

言語コード	叙述／構成／主題	人物・事件／虚構の方法／意図・精神
	論述／構成／要旨	知識・情報／実証の方法／発想・思想

　この図の上段が文学作品を読む際の読みの対象になる。なお，この図にある「虚構の方法」の読みについて，次のような説明が加えられている。[4]

　　狭義には，読者のイメージにはたらきかけてくる，視点・描写・対比・プロット・伏線・クライマックス・比喩・象徴・オノマトペ・省略・倒置などの表現方法を理解し，批評する。

　また，中村明氏は，文学作品の「作者」と「言葉（文章）」と「読者」との関係性について，「読者は眼の前に見えている文章を楽しみながら，そこに表現として映っている，文章の奥の作者という目に見えない人間と対面し，そのように表現する人のもののとらえ方，感じ方・考え方，ひいてはその生き方までを，それとなく感じとっているのではないでしょうか。」と述べている。

　両氏が述べているとおり，まずは，「言葉（文章）」が読者に働きかける表現方法とその効果の読みからはじめ，作者の「意図・精神」に及んで，「人生を[5]

---

[2]　中洌正堯「文学作品をイメージ豊かに読む」人間教育研究協議会『いま求められる〈読解力〉とは』金子書房，2006年
[3]　注[2]と同書
[4]　注[2]と同署
[5]　中村明『文学の名表現を味わう』NHK出版，2012年

読む」に至るものと言える。

（２）「詩歌」を読む

　「詩歌」とは，詩，俳句，短歌を総称する言葉である。それらは，「物語・文学」の「散文」に対して「韻文」と言われる。学習指導要領の「読むこと」の内容に，第２学年の指導事項の言語活動例として，「ア　詩歌や物語などを読み，内容や表現の仕方について感想を交流すること」とあり，そこに「詩歌」という言葉が用いられている。

　詩歌は，物語や小説に比べると短い。研ぎ澄まされた言葉で表現された作品を通して，読者は，作者のものの見方や感じ方，発想のおもしろさなどを読み深める。また，詩的表現が呼び起こすイメージや言語感覚を読み味わう。

　以上，文学的文章の読みを「物語・小説」と「詩歌」に分け，それぞれを読むことについて，説明を加えた。そこで，以下には，両者を合わせ「文学的文章」の語を用いて述べる。

２　目標・内容

　文学的文章を「読むこと」のうち，第一段階には，「教材とする個々の作品の読み」をおき，「文章の解釈に関する指導事項」を位置付ける。すなわち学習指導要領の「Ｃ　読むこと（１）」の，主に次の事項を目標に据え，教材分析に取り組む。その結果に基づいて授業設計の具体化を図る。
○第１学年…場面の展開や登場人物などの描写に注意して読み，内容の理解に
　　　　　　役立てること。（ウ）
○第２学年…文章全体と部分との関係，例示や描写の効果，登場人物の言動の
　　　　　　意味などを考え，内容の理解に役立てること。（イ）
○第３学年…文章の論理の展開の仕方，場面や登場人物の設定の仕方をとらえ，
　　　　　　内容の理解に役立てること。（イ）
　第二段階には，「虚構の方法の読み」を位置付ける。次の指導事項を踏まえて教材の特性をとらえ，授業設計の具体化を図る。
○第１学年…文章の構成や展開，表現の特徴について，自分の考えをもつこと。

(エ)
○第2学年…文章の構成や展開，表現の仕方について，根拠を明確にして自分の考えをまとめること。（ウ）
○第3学年…文章を読み比べるなどして，構成や展開，表現の仕方について評価すること。（ウ）

　第三段階には，「人間の生き方の読み」を位置付ける。次の指導事項を踏まえて教材の特性をとらえ，授業設計の具体化を図る。
○第1学年…文章に表れているものの見方や考え方をとらえ，自分のものの見方や考え方を広くすること。（オ）
○第2学年…文章に表れているものの見方や考え方について，知識や体験と関連付けて自分の考えをもつこと。（エ）
○第3学年…文章を読んで人間，社会，自然などについて考え，自分の意見をもつこと（エ）

　以上のように，文学的文章を読む授業の設計に当たっては，読みの段階に応じた目標を立てる。そして，その目標を達成するため，「音読・朗読」や，「読書につなげること」なども視野に入れ，内容に応じた指導法を工夫する。

3　評価規準

　前項の内容・目標に照らして，その実現状況を見るために評価規準を設定する。以下に示すのは，［「C　読むこと」の評価規準の設定例］（「評価規準の作成のための参考資料（中学校）」国立教育政策研究所教育課程研究センター平成22年11月）の中の，文学的文章の読みに関するものの引用である（一部分を抜き出して記す）。

　　［「C　読むこと」の評価規準の設定例］　―第2学年―

> 物語を読み，内容や表現の仕方について感想を交流する言語活動を通した指導

○国語への関心・意欲・態度
・物語について感想をもち，交流して考えを深めようとしている。

○読む力
・心情や情景を表す語句について，体験や読書経験を生かして理解し，自分の感想をもっている。
・描写の効果や登場人物の言動の意味などを考えて物語の内容を理解し，自分の感想をもっている。　　　　　　　　　　　　　　　　　　　　　　　など
○言語についての知識・理解・技能
・文章を読む際に，抽象的な概念を表す語句，類義語と対義語，同音異義語や多義的な意味を表す語句などに注意している。
・物語によって文章の形態や展開に違いがあることを意識しながら読んでいる。
　　　　　　　　　　　　　　　　　　　　　　　　　　　　　　　　　　　など

4　学習活動

　文学的文章をイメージ豊かに読み，内容や表現の仕方について感想を交流する言語活動を通して各単元及び各時間の目標に迫るよう，学習活動を工夫する。

　従来の一般的な指導過程は，「1．通し読み　2．確かめ読み　3．まとめ読み　4．発展」の4段階を踏まえている。まず，「通し読み」では，題名読み，登場人物，時，場所，全体構成，あらすじなどをとらえる活動が組まれる。学習課題の設定はこの過程に位置付け，学習者が明確な観点をもって読むようにする。「確かめ読み」では，それらの観点，（人物の相互関係，時間の展開，出来事とその意味など）について読み取ったことを交流し，課題解決に迫る。「まとめ読み」では，例えば，登場人物が作中のある場面を回想して語るという設定で文章に書いたり，作品の表現方法や意図・精神などに着目して読後感想を書いたりして，それを読み合う。あるいは，読み取ってきたことを総括するようなテーマを設定し，そのテーマをめぐって各自の読みを反芻し話し合って考えを深める（例えば，「走れメロス」の場合，「王は変わったのか，変わらなかったのか」というテーマで話し合う）。「発展」では，作品（他作品も含む）の朗読会を開くことや劇化など，様々な工夫が考えられる。

　ところで，上記の「発展」に取り入れる活動を「通し読み」の段階から活動目標として学習の中軸に据えることも有効である。例えば，「紙芝居版トロッコをつくる」という学習課題にそって「トロッコ」を読むという計画による場[*6]

合である。そこでは，場面の展開にそって登場人物の心情の変化をとらえることが，紙芝居の場面の構成を考えることに緊密にかかわる。さらに，紙芝居の絵を描こうとすれば，当然のことながら，その場面の豊かなイメージ化が求められる。この例のように，学習者の実態と教材の特性を把握し，読みの全時間を貫く活動を適切に選んで軸に据えることで，学習者の主体的な読みを促すことができる。

また，「予想読み」の読み方もある。これは，言葉どおり，話の節目で立ち止まり，その先を予想しながら次の節目までを読む。それを繰り返しながら最後まで読み通す。この活動では，学習者は，作者や作品と積極的に対話する。そこに学習者同士の対話も加わるはずである。

従来，文学的文章の読みの学習では，一単元一教材を基本として，一つの作品をじっくりと読み込むことに終始する学習が大勢であった。そうした授業では，教師の発問に導かれた詳細な読解に偏りがちになる。その問題を克服する一方法に「比べ読み」がある。一つの作品の学習に関連して観点を設け，別の作品を読み比べるのである。例えば，次のような「比べ読み」の活動が考えられる。

- ・同じ作者の作品を読み比べる。　　・異なる作者の作品を読み比べる。
- ・同一シリーズの他作品と読み比べる。　・原作本と読み比べる。
- ・同一素材の作品を読み比べる。　　　　　　　　　　　　　　　　など。

このようにして取り組む「比べ読み」が読書活動の促しにつながるのは言うまでもない。

(櫻本明美)

＊6　高木展郎監修　三浦修一・「読解力」向上カリキュラム研究会編著『「読解力」をはぐくむ国語学習』三省堂，2007年

第四節
中学校国語科における「読むこと」の学習指導

説明的文章

1 概説

(1) 説明的文章の読みの指導に関する動向

　説明的文章を教材とした読みの指導に関する研究は1960年代に本格化した。1970年代には倉澤栄吉を中心とした筆写想定法や西郷竹彦の説得の論法を学ぶ読み、小田迪夫によるレトリック認識の読みなどの学力観・方法論への着眼がなされ、1980年代には渋谷孝や小田迪夫、森田信義らによる研究によって指導過程論や教材論、読みの構造、学力観などに関する研究がなされた。1990年代以降は、これまでの研究を土台としながら、書き手の意図を読み取る指導の在り方から読者主体の読みを築いていく在り方へシフトしてくる。植山俊宏や寺井正憲、難波博孝らの研究がそれを支えている。一方で、1990年代には情報活用的な読みが重視され、内容理解だけにとどまらず表現や構成、それらの機能という観点からの指導が追究されていく。また、読者に注目することによって、発達論的に指導の在り方を追究することも重視されるようになった。2000年代には新たに長崎伸二らの研究も加わり、これまでの研究の再整理と新たな指導過程や指導方法の研究が展開されている。そして、2000年から始まったOECDによるPISA調査の影響を受けた新たな学力観や指導過程、指導方法の追究が始まっている。[*1]

(2) 平成20年版「学習指導要領」における説明的文章の読みの指導

　中学校の「読むこと」の教材として取り上げられる文種は、説明文・記録文・評論文・論説文などが中心である。これに加えて、平成20年版「中学校

---

*1　植山俊宏「説明的文章の領域における実践研究の成果と展望」（全国大学国語教育学会編『国語科教育学研究の成果と展望』明治図書出版、2002年）に詳しい。

学習指導要領」（以下，「学習指導要領」と略す）では，報道文，さらには資料（図・表・グラフなど）も対象となっている。

　「学習指導要領」においては，先に挙げた研究成果を受け継ぎながら，教育課程実施状況調査の結果やPISA調査の結果を踏まえた読解力向上のための方策が生かされている。特に，PISA調査で不足していることが明らかになった書き手の主張や書き方に対するクリティカルな読解能力の育成は重視されている。したがって，「学習指導要領」では，これまでの説明的文章の読みの中心的な学習活動であった，内容を理解することや書き手の主張を理解することだけではなく，把握した書き手の主張や書き方を吟味し自分なりの考えや意見をもつ活動を取り入れることを求めている。このことは，「学習指導要領」の「読むこと」の指導事項に，「自分の考えの形成」・「読書と情報活用」という整理がなされている点に象徴的に表れている。

　また，PISA調査では文章（連続型テキスト）だけでなく図・グラフ・表など（非連続型テキスト）も合わせて読み解くことが求められていることから，教材として従来の文章だけではなく図・グラフ・表も含めるよう促している。このことは，「学習指導要領」にある「言語活動例」にも明示されている。

　なお，指導方法としては，学習を見通し，考え，交流し，振り返るといった指導過程に基づき，複数の教材の比べ読みをしたり合わせ読みをしたりして，それぞれの情報の内容や主張，書き方を熟考・評価する方法が考えられる。

　加えて，「学習指導要領」には，平成18年に改正された「教育基本法」及び平成19年に一部改正された「学校教育法」の精神が色濃く反映されている。中でも，「学校教育法」第30条の2項に明示された学力の骨格的要素のうち基礎的・基本的な知識技能を活用してある課題を解決しようとする際に求められる思考力・判断力・表現力などを重視する姿勢は，読むことの指導の在り方を

＊2　「教育課程実施状況調査」は，「学習指導要領」の定着状況を把握しその改善や指導の改善のためのデータを得る目的で，小学校5・6年生，中学生，高校3年生を対象に実施され，記述式の正答率の低下が明らかになった。

＊3　OECD（経済協力開発機構）が，加盟国の15歳の学習者を対象に実施した調査。同調査で求められる読解力は，読みのプロセスである「情報へのアクセス・取り出し」・「統合・解釈」・「熟考・評価」に対応した能力をさし，日本の学習者には「熟考・評価」の能力が開発されていないことが明らかとなった。

＊4　これらの結果を受けて策定されたのが「読解力向上プログラム」である。平成17（2005）12月に文部科学省によって立案されたプログラム（「3つの重点目標」に即した授業改革とそれを支える「5つの重点戦略」を示している）であり，具体的な資料として「読解力向上に関する指導資料」が作成されている。

規定していくことになる。特に，論理的思考力の育成を担保する指導の在り方の追究には視線が集まっている。

さらに，「言語活動の充実」が強調される中で，各教科等の学習に生きる読みの力を育成することも視野に収めておかなければならない。

2　目標・内容

説明的文章を教材とした読みの指導の目標及び内容は，学習者の実態を踏まえつつ，「学習指導要領」に示された目標及び内容を土台に設計しなければならない。

「学習指導要領」の「読むこと」に関する目標は，次のように示されている。

第1学年：目的や意図に応じ，様々な本や文章などを読み，内容や要旨を的確にとらえる能力を身に付けさせるとともに，読書を通してものの見方や考え方を広げようとする態度を育てる。

第2学年：目的や意図に応じ，文章の内容や表現の仕方に注意して読む能力，広い範囲から情報を集め効果的に活用する能力を身に付けさせるとともに，読書を生活に役立てようとする態度を育てる。

第3学年：目的や意図に応じ，文章の展開や表現の仕方などを評価しながら読む能力を身に付けさせるとともに，読書を通して自己を向上させようとする態度を育てる。

また，これらの目標を実現するための内容（指導事項）は，「語句の意味の理解に関する指導事項」・「文章の解釈に関する指導事項」・「自分の考えの形成に関する指導事項」・「読書と情報活用に関する指導事項」から組み立てられている。

さらに，「言語活動例」が「内容」として位置付けられ，言語活動を通して指導事項を指導し学力の定着を促そうとしている。この点は，今回の「学習指導要領」改訂の注目点の一つである。説明的文章の読みの指導にかかわる言語活動例を挙げれば，次のようになる。

第1学年：イ　文章と図表などとの関連を考えながら，説明や記録の文章を読むこと。

第2学年：イ　説明や評論などの文章を読み，内容や表現の仕方について自

分の考えを述べること。
第3学年：イ　論説や報道などに盛り込まれた情報を比較して読むこと。

3　評価規準

　評価規準は，「目標に準拠した評価（いわゆる絶対評価）」の導入に際し，何を評価の対象にするのかを明示する必要から設定された。評価規準は，設定した目標に照らして「おおむね満足できる状況」として「何を」評価するのかを記述することになっている。また，「目標に準拠した評価」は観点別に実施することになっており，国語科の場合は「国語への関心・意欲・態度」・「話す能力・聞く能力」・「書く能力」・「読む能力」・「言語についての知識・理解・技能」の5観点に分けて評価することになっている。

　なお，評価規準は，単元目標や毎時間の目標に対応して「単元の評価規準」や「本時の評価規準」として示されることになる。以下，設定した「単元目標」に即して，「単元の評価規準」の実際を示すと次のようになる。

第1学年	単元目標	文章と図表との関連を意識しながら説明文を読ませ，要旨を読み取らせる。
	単元の評価規準	【国語への関心・意欲・態度】 1　文章と図表を関連付けて説明文を読み，要旨を読み取ろうとしている。 【読む能力】 1　文章と図表を関連付けて読んでいる。 2　図表や表現の工夫に留意しながら，文章の要旨を読み取っている。 【言語についての知識・理解・技能】 1　語句の文脈上の意味を理解している。
第2学年	単元目標	要旨を踏まえながら書き手の意図を読み取らせ，書き手の意図に対する自分の考えを記述させる。
	単元の評価	【国語への関心・意欲・態度】 1　要旨を踏まえながら書き手の意図を読み取り，書き手の意図に対する自分の考えを進んで記述しようとしている。

	規準	【読む能力】 1　表現を根拠としながら，要旨を踏まえつつ書き手の意図を読み取っている。 2　書き手の意図に対する自分の考えの柱を立てている。 【言語についての知識・理解・技能】 1　書き手の主張を表す中心的な語句の意味を理解している。
第3学年	単元目標	同一の話題を取り上げた報道文を読み比べさせ，話題を取り上げる視点や論の展開を読み取らせながら，情報の価値について考えさせる。
	単元の評価規準	【国語への関心・意欲・態度】 1　同一の話題を取り上げた報道文を読み比べ，話題を取り上げる視点や論の展開を読み取り，情報の価値について考えようとしている。 【読む能力】 1　話題を取り上げる視点や論の展開に着目しながら，同一の話題を取り上げた報道文を読み比べている。 2　話題を取り上げる視点や論の展開によって情報の伝わり方が異なってくることに気づき，情報の価値について自分なりに考えている。 【言語についての知識・理解・技能】 1　効果的な語句の使い方や表現上の工夫の効果について理解している。

　なお，評価規準を明示し展開される授業においては，設定した目標に対する実現状況を常に評価しながら，「おおむね満足できる状況」を実現するように自らの授業を改善していかなければならない。さらには，授業の過程や終了段階で得た評価情報は，学習者一人一人の学びを跡付けるものとして評価補助簿などに記録しておき，学期末や学年末の評定に生かしていく必要がある。

4　学習活動

　今回の「学習指導要領」では，「学習の見通しをもたせること」と「学習を振り返らせること」を，学習活動として配置することを求めている。「学習の

見通しをもたせること」は，学習目標や学習活動の方法を自覚させることにより主体的な学びを保障することにつながる。「学習を振り返らせること」は，自己評価活動や相互評価活動として，学びの定着と次時の学習活動への意欲を喚起することになる。

　先に挙げた第１学年の「単元目標」と「単元の評価規準」をもとに，学習活動の概略を示せば，次のようになる。

	主な学習活動	指導上の留意点
第１時	１　学習の見通しを立てる。 ２　文章と図表の関係に気をつけながら教材を読み，説明の要旨を把握する。 ３　学習を自己評価する。	○文章を読み進めるに当たっては，テキストへの書き込みをしながら読ませる。 ○把握・理解した要旨は，記述させる。 ○必要に応じて不適切な図表の使い方をしている例など補助教材として準備する。 ○自己評価表は，すべての時間の自己評価を振り返ることのできる形式のものを活用する。
第２・３時	１　文章と図表との関係を整理しなおし，自分なりに把握した要旨を相互に交流し，説明の要旨を理解する。 ２　学習を自己評価・相互評価する。	
第４時	１　理解した要旨に対する自分なりの意見を記述させる。 ２　説明文における図表の効果・役割について考える。 ３　単元全体の学習を振り返る。	

（千々岩弘一）

第五節
中学校国語科における〔伝統的な言語文化と国語の特質に関する事項〕の学習指導

伝統的な言語文化

1　概説

(1)「伝統的な言語文化」が設置された背景

　平成17年度に行われた高等学校教育課程実施状況調査(「国語総合」)で,国語教育界には二つの衝撃が走った。[*1]

　その一つは,「古典」の学習状況をとらえるために行われた学力検査問題のべ12問中,9問が設定通過率を下回る結果となったことである。平成14年度と17年度で繰り返し出題された問題のうち,国語科では5問に正答率の低下が認められた。このうち4問が古典に関する問題で,約6ポイントも低下していた。このような結果はほかの教科・科目には見られない事態だった。[*2][*3]

　もう一つは,生徒質問紙で「古文(漢文)の学習は好きか」とたずねたのに対し,70%以上の生徒が「どちらかといえばそう思わない・思わない」と回答したことである。高等学校「国語」の必修科目である「国語総合」そのものについては,この学習を「好きだ・どちらかといえば好きだ」と回答した生徒が47.7%おり,調査対象となった高等学校の科目全体の中で12科目中第3位に位置している。さらに,「国語総合」は科目として「大切だ・どちらかといえば大切だ」と回答した生徒は86.4%に達し,全教科・科目の1位である。

　「国語」は教科としては嫌われておらず,学ぶことの大切さが認知されているにもかかわらず,古典の学習だけは惨憺たる結果となっていたのである。

　小・中・高等学校すべての学習指導要領に「伝統的な言語文化」が設置され

---

*1　国立教育政策研究所 http://www.nier.go.jp/kaihatsu/katei_h17_h/index.htm 参照
*2　関連して出題した言語事項4問を含む。
*3　教育課程が適切に実施されていることを判断する規準となる当該問題の正答率。200人規模の予備調査を経て設定されている。

た背景には、こうした事態がある。古典の危機と言っても過言ではない。

（2）教育基本法における教育の目標と「伝統的な言語文化」

　古典嫌いがかくも深刻な事態にある一方、平成18年に改正された教育基本法では、「教育の目標」の一つとして次の条文が新たに加えられている。

> 伝統と文化を尊重し、それらをはぐくんできた我が国と郷土を愛するとともに、他国を尊重し、国際社会の平和と発展に寄与する態度を養うこと
> （第一章・第二条　五「教育の目標」）

　この条文に示された態度の持ち主を育てるためには、我が国の伝統と文化を継承する言語作品としての古文や漢文に親しみ、自ら進んでこれらを学ぼうとする態度・能力の育成が欠かせない。また、国語としての日本語の特徴や性質を理解し、正しく適切で美しい言葉の使い手を育てる必要がある。「教育の目標」におけるこうした基本理念は、「伝統的な言語文化」の学習指導を進めるうえで根幹をなしているが、喫緊の課題は「古典嫌いの克服」である。

（3）「言語文化」について

　中学校国語科にあっては、「伝統的な言語文化」の教材はこれまでの「古典」と重なっている。しかしあえてこの指導事項が「古典」という名称を避けた理由は、「言語文化」という用語が①言語そのもの、②言語生活、③言語芸術や芸能などを幅広く指していることにある。すなわち、様々な次元で継承されてきた伝統や文化を総合的に取り上げることが求められているからである。[*1]

　小学校における「伝統的な言語文化」の学びでは、神話・伝承やことわざ、故事成語が教材に位置付けられている。また、中学・高等学校では、古典について触れた近現代の文章も教材に含めることが義務付けられている。自分自身をはぐくみ、現代の生活に生きるものとして伝統や文化を受け止め、これを小学生から高校生に至るまで、時間をかけて学ぶことが求められているのである。

＊1　文部科学省『中学校学習指導要領解説　国語編』2010年

2　目標・内容

(1) 古典に「触れる」から「親しむ」へ

　小学校国語科における「伝統的な言語文化」の目標・内容には，古典の文章がもつリズムや調べを声に出すこと，現代の生活に生きる伝承やことわざ・故事成語・古人の知恵などに触れることの，二つの柱がある。これらを基盤として，中学校国語科では，3年間を通して古典に「触れる」学習者から古典を「楽しむ」学習者，そして古典に「親しむ」学習者へと成長させることが目標となっている。学習指導要領では，その系統性が次の言語活動を伴って示されている。

　　・「触れる」様々な古文や漢文を音読して，古典特有のリズムを味わうこと。
　　・「楽しむ」作品の特徴を生かして朗読すること。
　　・「親しむ」歴史的背景などに注意して古典を読むこと。

　これを見ると，「触れる」では小学校の目標・内容を発展させ，古典を声に出すことが重視されている。「楽しむ」では「音読」ではなく「朗読」とあるように，作品の内容や価値について理解したことを表現する態度の育成が求められている。さらに「親しむ」では，文学史的な知識を身に付け，課題をもって主体的に古典に接近する態度を育てることが示されている。

(2) 知識としての古典から活用としての古典へ

　中学校国語科では，古典を原文で読めるようになることが目標ではない。目標は，ひとえに学習者が古典を好きになることである。これを最優先の目標に据えたうえで，古典の作品や古典に関連した近現代の文章などから獲得した知識を，生徒が自らの言語生活に役立てる姿勢を養いたい。

　古典嫌いをつくらないためには，生徒がおもしろがるような話題の開発と教材づくりの工夫が欠かせない。また，授業を躍動感と楽しさに満ちたものにしようとすることも重要である。古典の学習を高尚な教養の獲得などと固く考えるのではなく，「古典の学習は楽しい」と感じることができるような工夫を教師自身が楽しめるようでありたい。特に入門期では，ゲームの素材選びなどに古典を使って遊ぶという感覚で，気軽に経験させるとよい。

3　評価規準

前述の目標・内容を具体的に実現するために設定すべき評価規準は，以下のように項目立てすることができる。これらは，「話すこと・聞くこと」，「書くこと」，「読むこと」の学習活動全体を通して指導する必要がある。

(1) 第1学年

① 古文には歴史的仮名遣いなど特有のきまりがあること，漢文訓読には返り点・送り仮名など基礎的な訓読法があることを理解している。

② 古典の作品を音読したり，ほかの人の音読を聴いて本文の内容をたどったりすることができる。

③ 教材として示された古典の作品が，和歌・俳諧・物語・随筆・漢文・漢詩・芸能などのどれに該当するか指摘することができる。

(2) 第2学年

① 現代語訳や語注を手がかりにして作品の内容を読み取り，描かれた情景や人物の心情を想像することができる。

② 古典の作品を工夫して朗読したり，ほかの人の朗読を聴いて工夫された内容について感想を述べたりすることができる。

③ 古典の作品を読んで想像したり発見したりした内容を，図版，音声・動画メディアなどを用いて効果的に表現することができる。

④ 古典の作品に登場する人物や作者の思いについて，口語訳や解説文を参考にして現代の思いと比較し，共通点と相違点を指摘することができる。

(3) 第3学年

① 当該の古典作品がいつの時代に書かれ，どのような歴史的状況を背景にもっているかについて，基礎的事項を理解している。

② 口語訳や解説文などを参考にして，古典の作品や古典に関連する近現代の文章などを自ら通読することができる。

③ 感想文や手紙などを書く活動に際して，古典の一節を適切に引用することができる。

4　学習活動

「A　話すこと・聞くこと」,「B　書くこと」,「C　読むこと」の（2）で示されている言語活動例に応じて,「伝統的な言語文化」を扱った学習活動の進め方を例示する。これらは一例であり，実際には教室の実態に応じて創意工夫すべきである。なお，各項目末尾の（　）内数字は，3の評価規準に対応する。

（1）「話すこと・聞くこと」

第1学年：「日常生活の中の話題について報告や紹介をすること」

日常生活の話題として小学校時代の国語教科書にあった俳句，短歌，詩，古文，漢文を取り上げる。これらの中で記憶にある作品を選び，いつ・どのような場面で出合ったのか，また，どのような思い出があるのかを紹介しながら，一節を音読する。（②）

第2学年：「調べてわかったことについて説明したり発表したりすること」

歌集，句集などに登場する動植物や情景を集め，語彙の登場頻度や描かれ方の特徴（例：鳥は「雁」以外はほとんどが鳴き声で登場するなど）について考察する。調べた結果はクイズやプレゼンテーションの形式で発表し，最後に調査をした中で最も気に入った作品を朗読する。（②，③）

第3学年：「時間や場の条件に合わせたスピーチをすること」

「模擬結婚式」などの場をしつらえ，その中で3分間のテーブル・スピーチをするという課題に取り組む。これまでに扱ってきた古典の作品から一節を引用し，それにちなんでスピーチをすることを条件に，テーブルごとに原稿を作成する。代表者が全体の前でスピーチをおこなう。（③）

（2）「書くこと」

第1学年：「芸術作品の鑑賞文を書くこと」

古典の作品をモティーフにした絵画や写真などについて，制作のもととなった作品がどんなジャンルにあたるか調べて分かったことや，絵や写真から考えたり感じたりしたことを文章にまとめる。もとの絵画や写真のコピーに文章を添えてブックレットに仕立て，教室全体で共有して互いに批評する。（③）

第2学年：「詩歌をつくったり物語などを書いたりすること」

例えば『枕草子』や『平家物語』の有名な段を取り上げ，その構成やリズム，言葉遣いを真似て，文語調のエッセイや物語を創作する。創作した文章はもとの古典の作品と並べて朗読発表し，どのような点が文語調であるか，現代の言葉や感覚と比較するとどうかなどについて意見交換をおこなう。(①・②)

第3学年：「目的に応じて様々な文章などを集め，工夫して編集すること」

個人またはグループで「日本人と（月・花・雪・春・秋・夜・風・旅など）」というテーマを設定し，古典の作品，解説文，近現代の小説などから関連する叙述や描写を引用し，考えたことや気づいたことをまとめる。まとめた内容はポスターやハンドブックにして発表し，互いに読んで批評し合う。(②)

(3)「読むこと」

第1学年：「様々な種類の文章を音読すること」

和歌・俳諧・物語・随筆・漢文・漢詩・能・狂言・歌舞伎・古典落語などの作品群から一節を選び，視写・音読・暗唱する活動を学期単位で継続的におこなう。達成すべき目標は個々に設定する。目標を達成した人への賞賛の言葉を皆でカードに書いておき，達成者にその都度記念として贈る。(①，②)

第2学年：「詩歌や物語の内容や表現の仕方について感想を交流すること」

例えば『宇治拾遺物語』の「児の空寝」，『徒然草』の「仁和寺の法師」など，愚かさはあるが憎めない人物について描かれた作品群を対訳で通覧し，どの人物像が現代にも通じるか選定する。選定に際しては，まずその規準について話し合い，それに基づいて推薦文を作成する。最後に「古典の中のおばかさん」などという題で発表会をおこない，感想を述べ合う。(①，④)

第3学年：「物語や小説などを読んで批評すること」

古典の作品を原話にして描かれた近現代の小説について（例：森鷗外「高瀬舟」と神沢杜口『翁草』，芥川龍之介「鼻」と『今昔物語集』など），原話の歴史的背景を調べるとともに，本文を読み比べ，両者の共通点や相違点，古典の作品に取材して物語や小説を創作することのねらいや意義について考察した文章を書く。また，自分でも古典の作品を素材にした小品を創作する。(①，②)

(藤森裕治)

第五節
中学校国語科における〔伝統的な言語文化と国語の特質に関する事項〕の学習指導

国語の特質

1　概説

(1)「言語事項」から「国語の特質」へ

　新学習指導要領（以下「新要領」）において，これまで「言語事項」として扱われていたものは，「伝統的な言語文化と国語の特質に関する事項」の下位項目としての「国語の特質に関する事項」の中で扱われることになった。したがって，「国語の特質」にかかわる内容として本節で扱うのは，「言葉の特徴やきまりに関する事項（イ）」及び「漢字に関する事項（ウ）」となる。

　前学習指導要領（以下「前要領」）では，第1学年と第2学年及び第3学年という2つの段階で記述されていたものが，新要領では第1学年，第2学年，第3学年と学年ごとの記述となった。そのため内容にも変更が生じている。

　そこで，新要領における「国語の特質」で留意すべき変更点について，音声面，語彙面，文法面，言語運用面という4つの観点から見ておきたい。

(2) 音声面（言葉の働きや特徴）での変更

　新要領では，小学校編も含めて音声面での学習事項を「言語事項」から「話すこと・聞くこと」の領域に移動させる傾向がみられる。中学校においても，前要領の「言語事項」第1学年の「ア　話す速度や音量，言葉の調子や間のとり方などに注意すること」が，新要領では同じ第1学年の「話すこと・聞くこと」のウに移行されている。その分，第2・3学年におかれていた「ア　音声の働きや仕組みについて関心をもち，理解を深めること」が，第1学年のアに下りてきた。そして，前要領カ「話し言葉と書き言葉との違いについて理解し，適切に使うこと」が，第2学年のアに移行して，共通語と方言，敬語のはたらきとともに理解させるように変更されている。

(3) 語彙面（語句・語彙）での変更

　語彙面では，第1学年では扱う内容の記述に変化はない。第2学年では，従来のイ「慣用句，類義語と対義語，同音異義語や多義的な意味を表す語句」ウ「抽象的な概念などを表す多様な語句」を統合整理し，慣用句を除いたその他のものをまとめて，それらを「理解すること」と，「語感を磨き語彙を豊かにすること」となった。そして第3学年では，先の慣用句と四字熟語を加え，さらに「和語・漢語・外来語などの使い分け」という語種の問題についてふれ，第2学年同様に「語感を磨き語彙を豊かにすること」が強調されている。

(4) 文法面（単語，文及び文章）での変更

　文法面では，単語については第1学年〈オからエ〉と，第2学年〈カからエ〉，文については第2学年〈オからウ〉となっており，新たに独立した第3学年に文法の記述はない。ただし，前要領第1学年にあった文と文，段落や文章にかかわる項目エ「話や文章の中の段落の役割や文と文との接続関係などを考えること」が新要領ではなくなっている。この点は，「書くこと」第2学年の推敲の項目に「語句や文の使い方，段落相互の関係などに注意して」という新しく加えられた記述の中に移行したと考えられる。前学習指導要領の第2学年エの「話や文章の形態や展開」に関しては，第2学年のオに引き継がれている。

(5) 言語運用面（言葉遣い・表現の技法）での変更

　言語運用に関しては，(2)でも触れた内容と言葉遣いに関する項目と，新要領の第1学年に加えられた「比喩や反復などの表現の技法について理解すること」という言葉を運用する「技法」にかかわる項目が該当する。表現の技法については小学校の第5・6学年においても「表現の工夫」という項目が新たに加えられている。さらに新要領では，第3学年に「時間の経過による言葉の変化や世代による言葉の違いを理解する」という記述が加わり，社会言語学的な言葉の使われ方に配慮が必要である点が加えられた。また，敬語に関しては，第2学年で「敬語の働きなどについて理解する」，第3学年で「敬語を社会生活の中で適切に使うこと」とあり，前要領よりさらに一歩踏み込んで，生徒の

日常生活や卒業後の社会生活での使用を想定した記述となった。

2　目標・内容

(1)「国語の特質に関する事項」の目指すもの

　1において、新要領における前要領からの変更点を確認した。音声面と文法面の段落の問題は、直接かかわりの深い領域へ移行され、内容がスリム化された。その一方で、表現の技法に関する記述の新設や、語彙に関しての観点の追加、敬語や言葉の変化に関する記述が加わることで、生徒たちの日常生活とのつながりをより強く意識した内容の取り扱いを目指していることがわかる。

　新要領においても、その取り扱いについて「日常の言語活動を振り返り、言葉の特徴やきまりについて気づかせ、言語生活の向上に役立てること」と記されている。では、その「言語生活の向上に役立てること」とはどのようなことなのか。新要領解説では、「実際の言語活動の中で活用され、生きて働く力として身に付くことが求められている」とある。つまり、前要領同様に事項は各領域を支える基本的事項として位置付けられ、それを実際の言語活動の中で活用することが目指されているのである。

(2) 内容

　国語の特質に関する事項の内容は、2つの観点に分けてとらえることができる。まず1つ目は、「音声の働きやしくみ」「語句の理解・語彙を増やして語感を磨くこと」「言葉の変化や世代間の違い」に関する事項で、これらはいわゆるメタ言語の学習ととらえることができる。つまり、これまで学習者が日常生活や学校での学習で身に付けてきた言葉そのものについて、そのしくみや特徴を理解したり、言葉がもつイメージを理解したりすることである。そして2つ目は、「表現の技法」や「語や文・文章の形態とその展開」について実際の表現から学んでいくという、具体的な言葉の運用にかかわる学習ととらえることができる。もちろん、文法的な規則、表現の技術的な知識は前者のメタ言語の学習に含まれる。しかし後者は、前者をもとに実際にそれを活用させていくことに力点がより強く置かれた指導事項となっている。

3 評価規準

　国立教育政策研究所が新要領に基づく「評価規準に盛り込むべき事項」を作成した。各領域の学習活動における「言語についての知識・理解・技能」の項目で取り上げられた規準と新要領との関係を表にまとめた。

領　　域	規　準　　学年	音声	語句・語彙	文法	運用	技法
話すこと・聞くこと	1	ア	イ, ウ	エ		オ
	2	ア	イ	ウ, エ	ア, オ	
	3		イ		ア	
書くこと	1		イ, ウ	エ		オ
	2	ア	イ	ウ, エ	ア, オ	
	3		イ		ア	
読むこと	1		イ, ウ	エ		オ
	2	ア	イ	ウ, エ	ア, オ	
	3		イ		ア	

　これを見てわかるように、「国語の特質に関する事項（イ）」として挙げられたものは、各学年のそれぞれの領域の学習活動において、評価の対象とされるようになっている。つまり、国語の特質に関する事項は、各領域の言語活動を通して学習していくということなのである。

4 学習活動

(1) 2つの方向性

　3でふれたように、国語の特質に関する事項の学習は、3つの領域における言語活動を通して、言語の知識や技能的な力を身に付けさせる方向と、必要に応じて内容を取り立てて、言葉に関する知識・技能を直接学習の対象とするいわゆる「取り立て」によって身に付けさせる方向とに分けられる。

前者については，話すこと・聞くこと，書くこと，読むことの領域の学習において，国語の特質に関する事項の観点を意識的にもつことで，断片的ではあるが，それぞれの言語活動に機能的に作用させられるという利点がある。授業者は，言語的な観点を基礎としていることを意識し，必要に応じて言語的な知識や技能を提示して言語活動を活性化させることになる。

　その一方，後者の「取り立て」の学習については，例えば検定教科書においては，見開きの１～３ページ程度の「コラム」によって時々扱われ，巻末の「言葉の学習のまとめ」によって体系的な知識の整理がなされているという状況の中で，数時間単位での言葉に関する学習をおこなうことになる。そこで，ここでは以下の３つの観点から，その言語活動の方向性を簡潔にまとめておく。

（２）語句・語彙と文法をつなぐ機能語の学習を通して語感を磨く

　言葉には，内容を表すもの（内容語）と，文や文章においてそれらの関係を示したり，表現者の意図を示したりするはたらきをするもの（機能語）とがある。語句・語彙の学習は内容語の学習であり，文法の学習は機能語の学習であるというように区別してしまうのではなく，それらを融合させて学習する視点が必要であろう。例えば，接続語や指示語などは，文や文章の内容をつないでいくはたらきをもった機能語である。また，文末に現れる助詞や助動詞などは，表現者の意図を表す機能語である。しかし，それらを品詞あるいは文のレベルでの学習にとどめず，文章全体でどのような文末表現が，どこに現れるかを観察することで，どのような語を選ぶことがよりふさわしいかを考えさせることができる。これらの学習によって，読む活動の中で表現の効果を考えさせることもできるし，書く活動の中でどの機能語を用いるかを意識化させることもできる。また，取り立てて扱うのであれば，様々な文末表現（「～だろう」「～かもしれない」「～ようだ」「～そうだ」「～らしい」等）を取り上げ，どのような場合に用いられるか，それぞれの表現の違いはどこにあるか等を考えさせるとよい。また機能語の学習として，詩や短歌・俳句などの「助詞」の使われ方を考えさせるという学習も，学習者の興味・関心をもたせるには効果的である。

---

*1　井上尚美他『論理的思考を鍛える国語科授業方略 中学校編』（溪水社，2012年）に具体的な実践が取り上げられている。

（3）人と場面と言葉との関係から敬語の使い方を学ぶ

　敬語の学習はどうしても知識注入型に陥りやすく，敬語の分類であるとか，誤文訂正という形でドリル学習になってしまう。2年生では「敬語の働きについて理解する」とあるが，3年生では「社会生活の中で適切に使うこと」が求められている。基礎・基本としての学習も必要であるが，それが定着するために，敬語がなぜ用いられるのかという敬語使用の必然性を学習者に意識させるべきである。しかし，学校生活という限られた言語環境の中で敬語の必要性を意識させるのはなかなか難しい。それ故に，社会参加（勤労体験やボランティア活動等）にかかわる場面と連係して学習をさせることが有効である。あるいは，大勢の人の前で話す場面にふさわしい言葉遣いを考えさせたり，ニュース映像などで実際に話されている言葉の中から敬語を探させたりして，敬語が場面と人との関係のうえで用いられていることを実感させるのである。書き言葉としての敬語については，ビジネス文書や広告文・案内文・説明書等を取り上げて実際の表現を分析する活動も，社会生活での使用に結び付く。

（4）日本語を通時的・共時的に学ぶ

　新要領で取り上げられた「時間の経過による言葉の変化や世代による言葉の違い」は，日本語の通時的な変化に着目する学習ともいえる。これは古典語との比較と絡めてもよい。さらに時代によって変化する言葉の典型としての「流行語」がどのようなプロセスでつくられるのかを，これまでの「流行語」を具体的な題材として学習者に分析させる。これは，漢語・和語・外来語という語種の問題や，複合語・派生語などの語構成の問題とかかわらせるとよい。

　また，共時的な比較として方言の問題を取り上げ，地元の言葉と共通語とを比較する学習も可能となる。地元の言葉で文章をリライトする活動等を通して，語彙レベルにとどまらず，音声面や文法面の変化・比較も取り上げるとよい。

（山室和也）

＊2　森山卓郎『表現を味わうための日本語文法』岩波書店，2002年

第五節
中学校国語科における〔伝統的な言語文化と国語の特質に関する事項〕の学習指導

書写

1　概説

(1)　手書きの有用性

　平成22年6月に出された文化庁文化審議会答申に，手書きによる漢字練習の必要性が述べられている。小・中学校での漢字の書き取り練習は，脳の活性化に結び付き，繰り返しの練習が，漢字の基本的な運筆を可能にし，漢字を正確に弁別するための認知能力も育てるとしている。手書きの有用性は即ち「書写」指導の必要性でもある。

(2)　「書写」の役割

　①書写学習で身に付けた知識や技能を様々な言語活動の場面に生かすこと
　②毛筆を含めた書写活動を言語文化ととらえること

　書写で学んだことを国語科はもちろんのこと，各教科や総合的な学習の時間などの「書く」場面や「書いて伝える」コミュニケーションの場面で生かすことが求められる。これは，今に始まったことではない。また，文字そのものが日本の文化であり，文字を手書きすることは文化の継承・発展につながると言ってもよい。書写が「伝統的な言語文化と国語の特質に関する事項」に位置する理由がここにある。

(3)　「中学校書写」の役割

　中学校では，小学校での学習内容「正しく整えて」に「速く」が加わる。生活に生きてはたらく書写力であるべきことを考えると，伝達に必要な「正しく整っていること」と機能としての「速さ」が求められる。中学校での学習では，速書きとしての「行書」に時間をかけることになる。「行書」が伝達・機能両

面の役割を担うためには，小学校での学習事項をきちんと習得していることが必要である。すなわち「正しさ」としての筆づかい（点画の正しさ）や筆順を身に付けたうえに「行書」が成り立つのである。

2　目標・内容

(1)「中学校学習指導要領　国語」[伝統的言語文化と国語の特質に関する事項]（2）書写に関する事項

第1学年（ア）字形を整え，文字の大きさ，配列などについて理解して，楷書で書くこと。
＊小学校での学習の定着を図る。漢字と仮名の大きさに注意し，字間・行間・行の中心などにも注意して，正しく整った文字（楷書）を書くことである。
（イ）漢字の行書の基礎的な書き方を理解して書くこと。
＊学習や生活の中で求められる速書きに対応する書き方が行書である。ここでは楷書以上に筆脈や筆圧を意識することや，行書特有の点画の変化を学ぶことになる。

第2学年（ア）漢字の行書とそれに調和した仮名の書き方を理解して，読みやすく速く書くこと。
＊行書に調和する仮名とは小学校で学習した仮名に一層筆脈や筆圧を意識したものである。仮名を行書と同じ意識で書くことにより，文字が整い読みやすくなる。
（イ）目的や必要に応じて，楷書又は行書を選んで書くこと。
＊文字を書く目的・場面・相手に応じて書き分けられること。

第3学年（ア）身の回りの多様な文字に関心をもち，効果的に文字を書くこと。
＊これまでの書写の学習を通して，身の回りにはいろいろな文字があることに気づかせることも必要である（書体の様々・宣伝効果をねらったもの・書かれた用材のいろいろ・歴史的な価値をもつもの等）。そして，目的・場面・相手に応じて効果的に文字を書

こうとする意識をもたせることが大切である。このことが、ひいては日本の文化の伝承・発展にもつながる。

(2) 本単元の目標と内容

① 目標
　楷書と異なる行書の筆づかいや字形について理解する。
② 内容
a，行書の基本的な点画の筆づかいを学ぶ。
b，行書の特徴を意識して書く。

3　評価規準

楷書と比較して行書の特徴を理解し、それを意識して書くことが課題である。
評価の2つの観点と具体的な評価規準は次の通りである。

(1) 筆脈（点画と点画のスムーズなつながり）を意識しているか。

① 点と点の連続

② たて画（点）から横画への連続

③ 横画から左払いへの連続

(2) 点画の変化を意識しているか。

木 → 木

4　学習活動

(1) 学習目標

行書の点画の変化や連続に注意して書く。

(2) 指導計画（全3時間）

第1時　目標　・行書の基本的な点画の筆づかいを知る。①（本時）
第2時　目標　・行書の基本的な点画の筆づかいを知る。②
第3時　目標　・行書の基本的な筆使いを理解して書く。《毛筆・硬筆》

(3) 本時の指導

	学習活動（評価の観点）	指導上の留意点	備考
課題提示・把握	1，教材文字行書「栄光」を見て書く。（試し書き） 2，楷書「栄光」と行書「栄光」から、違いを発見し発表する。（関心・意欲・態度） 3，各自の「試し書き」に行書として課題となることを記入する。（知識・理解）	・行書の特徴である①点画の連続②点画の形の変化③線の丸みなど「筆づかい」や「字形」について楷書と比較して発見したことを発表させる。 ・自分の練習すべき課題を見つけさせる。	半紙楷書の教材文字 赤サインペン
課題追求	4，「栄」に含まれる学習課題を解決するために、練習用紙で練習する。（技能） 5，まとめ書きをする。「栄光」と書く。（技能）	・本時は「栄」だけを扱う。点画の連続と字形の変化を理解させる。 ・「光」については、本時の学習を生かせるところは生	練習用紙 ① ②

		・かして書かせる。	③ 木
確認	6,「まとめ書き」と「試し書き」の「栄」について比較し，学習の成果を確認する。（思考・判断） 7,次時の学習課題をもつ。	・「点画の連続」と「字形の変化」についてのみ評価させる。（自己評価と相互評価をさせる） ・次時は「光」にある行書の特徴について学ぶことを予告する。	

(4) 評価の観点

上記の学習活動に当てはまる観点は次の5点である。
①関心・意欲・態度　　②思考・判断　　③技能
④知識・理解　　⑤日常化

(宮　絢子)

第三章 高等学校の国語科

第一節 高等学校国語科の目標と内容

1 目標

(1) 言語で言語を学ぶ

　「さむいね。ああさむいね。虫がないてるね。ああ虫がないてるね。(後略)」は草野心平「秋の夜の会話」の一節であるが，この蕭々(しゅくしゅく)たる晩秋の夜の会話は，2匹の蛙の冬を迎える切なさと親愛の情が響いている。互いの思いが短い言葉で伝えられ，それらを読むことで私たちは会話の温かさを確認する。言葉は自己の思考や心情を伝え，他者のそれらを受け止めていくコミュニケーションの基盤となる。「今・ここ」を超えた世界の他者ともつながることができる。

　また，花の名を知るとその花がいっそう愛おしくなる。月を単なる夜空に浮かぶ月ではなく，「居待ち月」と知ることでいにしえの人の心を思うことができる。「明晰」「明確」「明白」「明瞭」の漢語の違いを知り，場に最もふさわしい言葉を求めたい。私たちは言葉を通して事物や事象，人間を認識し，表現している。

　言葉によって深く思考し感情を整理し，内言を豊かにしていく。さらに言葉によって眼前に映る現実を超えた世界を想像し生きる力を得ていく。国語科では言葉そのものを学び，言葉で認識し思考し想像し，相互に伝達し合うことを学んでいく。

　21世紀の現代，身の回りの生活から地域・国，さらに国際社会・地球・宇宙に至るまであらゆる情報があふれ，止まるところを知らない。それらの情報を認識し，選択し関連づけ，活用しながら自己の思考を鍛えていくことが求められている。また，異なる風土・文化・社会・歴史を背景に生きる他者の心情や予測の難しい将来に対して想像力をもち，共に未来をつくっていくことも大切である。高等学校ではこうした複雑な時代を一人の人間として社会人として豊かに生き，よりよい世界をつくっていくために，言葉を獲得させ，言葉を十

分に理解し表現できるようにさせたい。学校教育における1時間1時間の授業には確かな学力を身に付けさせるための明確な目標を置き，それを達成するための内容を充実させなければならない。

（2）学習指導要領

　高等学校国語科の目標を，平成21年3月9日に改訂された学習指導要領では次のように示している。

> 国語を適切に表現し的確に理解する能力を育成し，伝え合う力を高めるとともに，思考力や想像力を伸ばし，心情を豊かにし，言語感覚を磨き，言語文化に対する関心を深め，国語を尊重してその向上を図る態度を育てる。

この一文は以下に示すように3段に分けて整理することができる。

①国語を適切に表現し的確に理解する能力を育成し，伝え合う力を高めること

　「ともに」で分けられる前段は，言語の教育としての立場に立ち，高等学校では社会生活全般を視野に入れた言語能力の育成を求めている。ここでの言語能力は，「表現・理解の能力」と「伝え合う力」の2つである。まず，表現の能力には目的や場にふさわしい「適切さ」を，理解の能力には様々なコンテクストにおいて本質的・核心となることを確実に把握する「的確さ」を重視している。中学校段階の「適切に表現し正確に理解する能力」を発展させようとするものである。そして，表現と理解の双方向の言語活動をおこないつつ，人と人との関係における相互理解・相互伝達を進めていく能力「伝え合う力」を高めることを重視している。場面・相手・目的・効果を意識しながら最もふさわしく話したり書いたりすること，他者の思考や心情をその文脈において的確に聴いたり読んだりすること，相互に伝え合うことの力を身に付けさせることを目標としている。

②思考力や想像力を伸ばし，心情を豊かにし，言語感覚を磨くこと

　後段の1つ目は，物事を筋道立てて考え，さらに問題を解決しようとする論理的・創造的な「思考力」を身に付けることと，実際には体験していないことを思い描き，今後の状況を予測しようとする「想像力」を身に付けることを重視している。同時に，情意的な側面である豊かな感性や情緒を育成する「心情」を豊かにすることを目指している。さらに，こうした思考力・想像力・心

情を言葉に置き換えるその言葉自体に注目し，言語のもつ感じ・ニュアンスを意識し，言語理解・言語表現の行われる中でその場にふさわしい正誤，適否，美醜，さらには好悪といった言葉に対する「言語感覚」を磨くことを重視している。ここでも中学校段階の「思考力や想像力を養い言語感覚を豊かに」することを発展させている。論理的・創造的な思考力や他者や未来への想像力，豊かな心情，それらを表す言語への感覚を深く広いものにすることを目標としている。

③言語文化に対する関心を深め，国語を尊重してその向上を図る態度を育てること

後段の2つ目は，中学校段階の「国語に対する認識を深め国語を尊重する態度を育てる」ことを進め，「言語文化」全般に関心を深めることを重視している。ここでの言語文化とは，文化としての言語そのもの，それらを豊かに使いこなす文化的な言語生活，さらには多様な言語芸術や芸能まで幅広く含むものである。そして国語に関して，個人として国語を尊重する態度，社会人として国語の向上に寄与する態度の育成を重視している。

以上のように前段①は，言語の活用に関して，自己の思考を表現すること，他者の思考を理解すること，相互に伝え合うことの技能に習熟することを目指しており，全教科の基盤となる言葉の学習に通ずるものである。後段の1つ目②は，そうした言語を活用する力とともに国語科で身に付けさせたい能力として思考力・想像力・豊かな心情・言語感覚を挙げており，人間形成に培うものである。最後の後段2つ目③は，言語文化・国語への関心・意欲・態度に関して生涯にわたり追究し続ける言語主体であることを目指すものである。言葉を十分に活用し，意味や語感を意識しながら言葉の価値をとらえ，言葉に主体的に向き合っていく学習を構想していきたい。

2　内容

(1) 構成

国語科教育の内容は教科書に載っている文章を学ぶことのみではない。構成や展開をとらえて要旨をまとめたり，描かれた人物や心情，情景を的確に読み

取ったりすることは国語科教育の内容の一部にすぎない。学習指導要領において高等学校国語科の内容は，小中学校と同様「話すこと・聞くこと」，「書くこと」，「読むこと」の言語活動3領域と「伝統的な言語文化と国語の特質に関する事項」から構成されている。音声言語による「話すこと」と「聞くこと」は単独の言語活動としては成立しづらく1領域としている。話し手と聞き手の双方向の言語活動により成立するので，「話すこと・聞くこと」の力を伸ばし，伝え合う力を育成していくことになる。文字言語の活用としては「書くこと」「読むこと」の力の育成を図る。また，表現の面からは「話すこと」「書くこと」，理解の面からは「聞くこと」「読むこと」のそれぞれの力を伸ばすことが指導内容となっている。このように音声言語と文字言語を対象とし，表現と理解について，2対4面の言語活動を指導するという観点から国語科の内容は構成されているのである。さらに現実社会において学習者が最も多く接するマスメディアやニューメディア，様々なコミュニケーション媒体を含むメディアにも注目しておきたい。映像や図表等も含めたメディア言語に関して，電子機器を活用し，メディアの特性を分析的にとらえて，音声・文字言語とともに表現・理解の力に位置付け，育成していく。

（2）内容

　こうした言語能力の育成は，学習者の感受し認識し思考する過程と関連させて指導していく。何かに出会い，問題意識や感動をもち，よりよく理解したい，自己の思考を表現したい，他者と共有したいと願う，そのことの中で言語活動は営まれる。優れた教材を用いて，広く鋭い感受性，論理的な思考力や豊かな想像力，伝え合う力をはぐくむ過程の中で，言語能力を確かなものにしていく。

　「話すこと・聞くこと」においては，何について，何を根拠に，どのような順序で話すのかという，話題設定，取材，構成に関することを身に付ける。また，目的や場に応じて効果的に話すこと・的確に聞き取ること，相互に尊重し合い，他者性を意識した課題解決のために話し合うことを学習する。さらに，こうした学習活動について自己評価や相互評価をおこなうことで振り返り，相互の交流を通して話すこと・聞くことの力に習熟する（ア．話題設定・取材・構成，イ．話すこと・聞くこと，ウ．話し合うこと，エ．交流・評価）。

第三章　高等学校の国語科

　「書くこと」においては，何についてどのように書くのかという，題材設定，表現の工夫に関することを学習する。また，構成や展開・論拠を明確にしたり，表現について的確な説明・描写を工夫したりして記述する力を身に付ける。さらにほかの生徒の表現から学び，互いに評価し合い，推敲することや批評することの力を養っていく（ア．題材設定・取材・表現の工夫，イ．構成，ウ．記述，エ．推敲・交流・評価）。

　「読むこと」では，まず，叙述をたどり表現に即して文章を読んでいく。また，全体の構成・展開・要旨を把握したり，人物・情景・心情の描写をとらえたりして本文を理解する。さらに，文章における語り手の意図や論理性・形象について考察し，より広い情報活用や読書活動へと発展させていく。文意に即した正確な解釈を追求するだけではない，自己の考えの形成に至る主体的な読む力を獲得していく。こうした読む力の育成は社会科学・自然科学に関するテキストを含みつつ，言語文化全般を対象にした教材によっておこなう。言語は意味をもち，感動する心，問題意識・人間関係への意識に対して感化力をもつ。優れた言語文化に出会わせることが大切である（ア．表現に即した理解，イ・ウ．文章の解釈・鑑賞，エ．考えの形成，オ．読書・情報活用，言語文化）。

　いずれの言語能力も，認識・思考する過程や表現する過程の中で必要な力を身に付け，学習を振り返ったり他者と交流したりすることで技能や考えを確かなものにしていく。他者とともに学びあうことができる場をつくり，学習者が言語を学び活用しながら，人間・社会・自然などに対するものの見方・感じ方・考え方を豊かにすることを目指したい。

　「伝統的な言語文化と国語の特質に関する事項」は，これまでの「言語事項」を含みつつ，今回の改訂から「言語文化」に関する事項が加わり構成されている。我が国の文化と外国の文化との関係に気づき，伝統的な言語文化への興味・関心を広げること，また，言葉のきまり，言葉の成り立ち，表現の特色，言語の役割，文や文章の組み立て，語句，語彙，表記，漢字の読み書きに関することがその内容である。この言語事項に関しては，取り立てて学習する場と「話すこと・聞くこと」「書くこと」「読むこと」の言語活動が実際に行われる場とを有機的に関連させて指導していくことが大切である。

　最後に，1つの単元，1授業時間の中でこうした言語活動・言語事項や言語

文化に関する力のうち何に焦点を絞って指導していくのか，その目標を定めていく。小学校・中学校からの系統性を重んじ，高等学校3年間のいつ・どこで・何を重点的に学習するのかを計画的に組み立てる。言語に関する能力は相互の密接な関連性の中で身に付いていくものであることを踏まえたうえで，焦点化した学習の目標のもとに授業を計画していく。

(3) 言語活動例

　今回の学習指導要領より各領域の内容が「(1) 指導事項」「(2) 言語活動例」で構成されるようになった。これまでの内容は「指導事項」を挙げるのみであったが，学習者主体の言語活動を活発におこないながら国語科の目標を達成させるためにそれぞれの言語活動を通して指導することが重視されている。場や状況に応じて感情や認識・思考を言語化するという言語行動の実際を経験しながら，主体的に言語に関する技能や知識を学習するということである。この時，［伝統的な言語文化と国語の特質］に挙げられる「言語事項」の力，言語体系の知識の定着を図りながら，優れた「言語文化」に出会わせる工夫をすることも必要である。

　活動さえ取り入れれば主体的に学んでいるというわけではない。生徒の実態を考慮して学習の目標を明確に定め，どのような言語活動を通してどのような力を身に付けるのか，そのためにどのような教材を活用するのか，具体的な学習の展開を構想することで言語活動主体の育成を図っていくのである。

（高山実佐）

◆参考文献◆
＊文部科学省『高等学校学習指導要領解説 国語編』2010年
＊田近洵一・井上尚美編『国語教育指導用語辞典 第四版』教育出版，2009年
＊浜本純逸著『国語科教育総論』溪水社，2011年

第二節 「国語総合」の学習指導

1　概説

(1)　「国語総合」の目指すもの

　今回の学習指導要領では，これからの社会像として「知識基盤社会」が想定されている。「知識基盤社会」においては，新たな知の創造，継承，活用が社会の発展の基盤となり，こうした社会の変化に主体的に対応できる人材の育成が急務となっている。国語は，自己の形成や相互の交流，社会的，文化的な活動の基盤であり，国語についての能力や態度の育成の必要性はますます高まっている。

　このような認識に基づき，高等学校国語は小学校及び中学校の指導を受け継ぎ，社会人として必要とされる国語の能力を確実に育成しなければならない。こうした能力の基礎の育成を目指した科目が「国語総合」である。そのため，「国語総合」は，教科の目標をそのまま受けた共通必履修科目として設定され，総合的な言語能力を育成する科目として位置付けられている。

(2)　共通必履修科目

　これまでの「国語総合」「国語表現Ⅰ」が選択必履修科目であったのとは異なり，「国語総合」が共通必履修科目として設定されたことによって，すべての生徒が「国語総合」を履修することとなった。これは，高校生に最低限必要な知識・技能と教養の幅を確保するという必履修教科・科目の趣旨を考慮し，学習の基盤である国語，数学及び外国語の各教科の必履修科目において，共通必履修科目を設けることによって教育課程の共通性を高めようとしたためである。とりわけ国語は全教科の基盤教科ともいえるだけに，教育課程全体における「国語総合」の役割は大変重要である。

(3) 3領域1事項による総合的な科目

 「国語総合」は高等学校国語6科目の中で唯一,「A 話すこと・聞くこと」,「B 書くこと」,「C 読むこと」及び〔伝統的な言語文化と国語の特質に関する事項〕の3領域1事項の内容構成を明確に有した科目である。これによって,限られた領域等における言語能力ではなく,すべての生徒に社会人として必要な言語能力を総合的に育成することを目指している。「国語総合」の「総合」とは,こうした科目の性格によるものであることを確認しておきたい。
 こうした性格を踏まえ,「国語総合」の授業時数の計画については,次表のとおり規定され,3領域1事項のバランスのとれた指導が求められている。

「国語総合」標準単位4単位（140単位時間）				
A 話すこと・聞くこと	15～25単位時間程度を配当			
B 書くこと	30～40単位時間程度を配当			
C 読むこと	近代以降の文章	おおむね同等を目安		
	古典		古文	一方に偏らない
			漢文	
伝統的な言語文化と国語の特質に関する事項	（A,B及びCの指導の中で深める）			

 高校教師の中には,これまで「読むこと」の指導に偏してきた実態から,「国語総合」を「現代文」「古文」「漢文」の総合科目だと誤解するケースも見受けられた。コミュニケーション能力の育成が一層重視されている今,「総合」の意味については改めて注意しておきたい。
 なお,各領域の能力が有機的に関連するよう指導計画を練っていきたい。「A 話すこと・聞くこと」で指導した話し合いの能力が「C 読むこと」における考えの交流の活動として機能したり,「B 書くこと」における取材の際に,「C 読むこと」で身に付けた文章を理解する能力が役立ったりすることなどが考えられるからである。

（4）言語活動の充実への志向

今回の学習指導要領国語では，「指導事項」のみで構成されていた「内容」の中に，新たに「言語活動例」が加わった。これは，とりわけ思考力，判断力，表現力等を育成するために言語活動の充実を図るという学習指導要領の基本方針が強く影響したものである。そもそも言語能力の育成を任務とする国語科においては，言語活動なくして学習活動は成り立たないが，その一方で，言語活動が活発であればそれだけで言語能力も身に付いていると見なしてしまう状況もあった。こうしたことを踏まえると，「(2) 言語活動例」（手段）を通して「(1) 指導事項」（目標）を指導する，という枠組みがより明確に示されたことには注目すべきである。

（5）カリキュラムの基盤科目

国語科6科目の履修の順序について，学習指導要領国語には，

> 指導計画の作成に当たっては，「国語表現」，「現代文A」，「現代文B」，「古典A」及び「古典B」の各科目については，原則として，「国語総合」を履修した後に履修させるものとする。（第3款）

と示されている。共通必履修科目である「国語総合」でまず総合的な言語能力を育成し，その後に，「国語表現」，「現代文A」，「現代文B」，「古典A」及び「古典B」の各選択科目において，それぞれの領域・事項に特化した言語能力をさらに育成することが求められている。

したがって，各学校の教育課程の編成や指導計画の作成に当たっては，「国語総合」の履修学年，選択科目の履修順序や履修学年などを十分検討する必要がある。その際，学校の特色や生徒の実態等を十分考慮し，国語科の3年間のカリキュラムイメージを具体的に構想することが大切である。「国語総合」を基盤科目としたうえで，どのような言語能力をどの科目によっていつごろまでにどのように育成していくのかを明確にしておくことにより，「国語総合」の指導計画も明確にすることができるのである。

2　目標・内容

(1) 目標

「国語総合」の目標は、以下のとおりである。

> 国語を適切に表現し的確に理解する能力を育成し、伝え合う力を高めるとともに、思考力や想像力を伸ばし、心情を豊かにし、言語感覚を磨き、言語文化に対する関心を深め、国語を尊重してその向上を図る態度を育てる。

小学校及び中学校の国語科の目標を受け継ぎ、高等学校国語科の目標と同一となっている。

(2) 内容

前述したとおり、「(1)指導事項」と「(2)言語活動例」で構成されている。(2)を通して(1)の言語能力を身に付けさせるということであり、両者は(1)目標と(2)手段との関係として示されていることに注意する必要がある。

以下、指導事項に絞ってその特色について言及する。

①「A　話すこと・聞くこと」

小学校及び中学校と同様に、指導事項は学習のプロセスにしたがって、「話題設定・取材・構成」、「話すこと・聞くこと」、「話し合うこと」、「交流・評価」の順に示されている。

「話題設定・取材・構成」については、中学校での学習を受け、さらに、話題についての多角的な検討による考えの形成や、構成・展開における根拠の明確化など表現面における論理性の重視が示されている。

「話すこと・聞くこと」については、「効果的に」話すことと「的確に」聞き取ることが示されている。前者は資料や機器等を用いてわかりやすく話すこと、後者は多くの情報から必要なことを間違いなく過不足なく聞き取ることを意味しており、中学校に比べてより高度な思考力・判断力を必要とする能力となっている。

「話し合うこと」については、合意形成や考えの深化といった目的意識、相

手意識，表現や進行の仕方における工夫などが示されているが，これらは小学校及び中学校の指導事項を集約したものとなっている。

「交流・評価」については，単に感想などを交流するのではなく，内容や表現の仕方について「自己評価や相互評価」をおこなう点などが中学校から発展している。

② 「B 書くこと」

指導事項は学習のプロセスにしたがって，「題材選定・取材・表現の工夫」，「構成」，「記述」，「推敲・交流・評価」の順に示されている。

「題材選定・取材・表現の工夫」については，単に好きな題材を選ぶのではなく，相手や目的に応じた題材選択ができること，また，書く目的に応じて文章の形態や文体，語句などを選択することなど工夫して書くことが求められている。

「構成」及び「記述」については，論理の構成や展開の工夫，論拠に基づいて自分の考えを書くことなど，中学校での学習を受けて，さらに客観性や信頼性を高めながら主張の妥当性を高めるための指導が目指されている。また，的確な説明や描写のために適切な表現の仕方を考えて書くことも示されている。

「推敲・交流・評価」については，「A 話すこと・聞くこと」と同様に，「自己評価や相互評価」が示されているが，加えて，優れた表現に接してその条件を考えるといった，モデルから学ばせる指導も示されている。

③ 「C 読むこと」

指導事項は学習のプロセスにしたがって，「表現に即した理解」，「文章の解釈」，「考えの形成・読書・情報活用」の順に示されている。

「表現に即した理解」については，中学校における「語句の意味の理解」のみならず，内容や形態に応じた表現の特色に注意して読むことまでが求められている。

「文章の解釈」については，文章の的確な読み取りや，要約や詳述が求められている。また，主に文学的文章に関しては，表現に即して読み味わうことも求められているが，生徒が主体的に「読み味わう」ためには，教師が一方的な講義調の授業から脱しなければならないことは言うまでもない。

「考えの形成・読書・情報活用」については，内容や表現の仕方について評

価したり，書き手の意図をとらえたりすること，さらに，幅広く本や文章を読んで考えを深めることなどが示されている。

④〔伝統的な言語文化と国語の特質に関する事項〕

中学校と同じく，「ア　伝統的な言語文化に関する事項」，「イ　言葉の特徴やきまりに関する事項」，「ウ　漢字に関する事項」として示されている。3領域とは異なり，言語活動例は示されていない。

「ア　伝統的な言語文化に関する事項」については，単に古典を読んだり知ったりするだけにとどまらず，言語文化の特質などに気づき，伝統的な言語文化への興味・関心を広げることが示された。そのため，古文と漢文だけでなく，古典に関連する近代以降の文章も含めた多方面からのアプローチを薦めていることも特徴的である。また，文語のきまり，訓読のきまりの理解を，読むことの指導に即しておこなうことも示されている。

「イ　言葉の特徴やきまりに関する事項」については，言葉の成り立ち，表現の特色，言語の役割などに関する指導，文や文章，語句，表記，語彙についての指導が示されている。

「ウ　漢字に関する事項」については，常用漢字の読みに慣れ，主な常用漢字が書けるようになることが示されている。なお，改定常用漢字表に基づいて読み書きの指導をおこなうが，平成22年11月30日付け文部科学省政務官通知には次のように示された。この点についても留意しておきたい。

> 今回，文化審議会答申（平成22年6月7日）においては，改定常用漢字表の性格として，「情報機器の使用が一般化・日常化している現在の文字生活の実態を踏まえるならば，漢字表に掲げるすべての漢字を手書きできる必要はなく，また，それを求めるものでもない」とされていることから，「書き」の指導に当たっては，この改定常用漢字表の性格を十分に踏まえ，各学校において生徒の実態に応じ適切に行うこと。

3　評価規準

評価規準とは，目標に準拠した評価をおこなう際の質的な尺度である。この際に準拠すべき「目標」とは学習指導要領の指導事項であるが，実際に評価を

おこなう際には，国語科の評価の5観点（「関心・意欲・態度」「話す・聞く能力」「書く能力」「読む能力」「知識・理解」）及びその趣旨に基づき，指導事項を踏まえながら，さらに単元レベルでの具体的な評価規準を作成することになる。

　「国語総合」において評価規準を作成する際には，「関心・意欲・態度」，当該領域の能力観点（例えば「B 書くこと」の場合は「書く能力」），「知識・理解」の3観点を設定し，それぞれに具体的な評価規準を設定するのが望ましい。評価規準の具体的な作成方法については，『評価規準の作成，評価方法等の工夫改善のための参考資料（高等学校国語）』を参考にしておきたい。

4　学習活動

　「国語総合」の学習活動を効果的に計画する際のヒントになるのは「言語活動例」である。しかし前述のとおり，単に活動をおこなうのではなく，目標を明確にしながら手段としての言語活動が適切かどうかを十分検討する必要がある。

　また，旧学習指導要領とは異なり，例えば「状況に応じた話題を選んで」（スピーチ），「反論を想定して発言したり疑問点を質問したりしながら，課題に応じた」（話し合いや討論），「出典を明示して文章や図表などを引用し」（説明や意見）のように，学習活動の要点に関係した内容や条件がそれぞれ付加されている。これらは，相手・目的・状況・課題などへの適応，表現の仕方への着目，文章に加えて図表や画像などへの着目，比較・評価などの思考力の育成，自分の考えの形成など，指導事項の重点とも密接に関係している。

①「A　話すこと・聞くこと」

　スピーチや説明，報告や発表，話し合いや討論などの言語活動例が示されている。『言語活動の充実に関する指導事例集【高等学校版】』（以下「事例集」）では，スピーチについて，単発の学習活動ではなく，帯単元を用いた1年間を通した事例が掲載されている。3領域の中で最も時間数が少ないため，適切かつ効果的に音声言語に関する能力を身に付けさせていきたい。

②「B　書くこと」

　詩歌や随筆など文学的文章の創作，説明文や意見文といった説明・論理的文

章の作成，手紙や通知文といった実用的な文章の作成が言語活動例に取り上げられている。「事例集」には，福祉科と連携して施設実習の報告書を効果的にまとめる事例が示されている。指導事項にも示されているとおり，課題設定や情報収集から，構成，記述，推敲，交流・評価といった学習の各プロセスでの要点を押さえながら，相手や目的に応じた文章や作品を書かせていきたい。

③「C 読むこと」

　文章の脚本化や時代設定を変えたリライト活動，文字から画像までのメディア情報を読んでまとめる活動，実用的な文章を読んで話し合う活動，読み比べて感想・批評を表現する活動が言語活動例に取り上げられている。「事例集」にはこれらを踏まえた事例として，「羅生門」の設定を一部変えて創作したうえでそのポップ広告をつくる事例，小説の登場人物の行動を模擬裁判という形で読み深める事例，歴史物語である『大鏡』の現代語訳を活用して脚本をつくる事例などが紹介されている。これらの事例の共通点は，対象となる文章や作品に関して，その内容や表現の仕方について考察させながら自分の考えをもたせるとともに，興味・関心を高めようとしている点である。

④〔伝統的な言語文化と国語の特質に関する事項〕

　特に「伝統的な言語文化に関する事項」の学習指導に当たっては，その教材について学習指導要領の次の点に留意する必要がある。

> 　古典の教材については，表記を工夫し，注釈，傍注，解説，現代語訳などを適切に用い，特に漢文については訓点を付け，必要に応じて書き下し文を用いるなど理解しやすいようにすること。また，古典に関連する近代以降の文章を含めること（「国語総合」3 内容の取扱い（6）イ）。

　古典の指導については，古典嫌いの生徒を増やさぬよう，現代語訳なども活用して古典への親しみをもたせることを第一に考えるようにしたい。

（大滝一登）

◆参考文献◆
*文部科学省『高等学校学習指導要領解説 国語編』2010年
*国立教育政策研究所『評価規準の作成，評価方法等の工夫改善のための参考資料（高等学校国語）』2012年
*文部科学省『言語活動の充実に関する指導事例集【高等学校版】』2012年

第三節
「国語表現」の学習指導

1　概説

　国際化，情報化が進展し，価値観が多様化する中，生活環境や言語環境が急速に変化し，言語活動も多様になってきている。世界であるいは身の回りで起きる政治，経済上の出来事や科学，文化，芸術，スポーツについての知識や話題など様々な情報が存在し，それらの情報には，書籍，文書などの印刷物，新聞，雑誌，テレビ，ラジオなどのマス・メディアあるいはインターネットなどを通じて接することができる。その中にあって，様々な情報を適切に判断し取捨選択する力や，筋道立てて物事について考える力，豊かな発想のもととなる創造する力の必要性が高くなっている。特に表現する能力を高めることは，これからの社会に生きていくためには必要不可欠なことである。

　「国語表現」では，小学校，中学校及び「国語総合」と一貫して求めている「伝え合う力」を一層確かなものとして，社会人としての生活に生かすことのできる国語の能力を高めることをねらいとしている。そのため，話題や題材について，考え，判断したことを，国語で適切かつ効果的に表現する能力の育成，思考力や想像力を伸ばし，言語感覚を磨き，進んで表現することによって国語力の向上や社会生活の充実を図る態度を育成することを重視している。

　「国語表現」は「国語総合」の3領域のうち「Ａ　話すこと・聞くこと」及び「Ｂ　書くこと」の領域と〔伝統的な言語文化と国語の特質に関する事項〕とを中心として，その内容を発展させた科目である。これまでは「国語表現Ⅰ」を選択必履修科目として設定し，その内容を発展させた「国語表現Ⅱ」を選択科目として設定していた。今般の改訂で「国語総合」を共通必履修科目としたことから，「国語表現Ⅰ」について「国語総合」との関係を整理し，「国語表現Ⅱ」と合わせて「国語表現」1科目に再構成され，選択科目となった。

　まず，本科目で重視しているのは，適切な情報を収集し，それを分析し，自分の考えを適切な形にまとめたり，事実についての認識や事実に向き合う態度を自らの内部に形成したりする力の育成である。

自分の考えを主張する際には，その内容を確実な根拠に基づいた妥当な推論によって導き，またそれを明晰に示すことが求められる。その工夫として例えば，最初に主張を述べ，二番目に根拠となるわかりやすい具体例を精選して挙げ，三番目に一つ一つの根拠について的確かつ簡潔に説明し，最後によりわかりやすい裏付けを加えて相手を説得するなどという，抽象度を徐々に低くするような論理の構成など効果的な表現の仕方について指導することが求められている。

　一方，社会生活においては，自らのものの見方，感じ方，考え方を単に主張するだけではなく，自分とは異なる考えを丁寧に聞き，それを尊重する力も必要である。相手の発言を聞いて，その根拠となる事実，判断の拠り所，話の筋道などの妥当性を判断するだけではなく，自ら述べようとする意見や主張についても，なぜそうした論理の展開が必要なのか，その論理を支える根拠は適切であるのかなどを判断できる力を育成することが大切である。

　また，文章や話し言葉がその場の目的のために発揮する効果，表現主体がその個性を発揮し，その場の目的を達成するために意図した効果，個々の表現の技法が表現全体を構成するうえで発揮する効果について分析的に読んだり聞いたりして，それぞれの表現が発揮している効果を検討することが大切である。例えば，場に応じた言葉の選択（常体を用いるか敬体を用いるかの選択など），文章の形式の選択（章や節の構成の仕方など）を適切におこなうことが大切である。発声や発音の仕方，話す速度，文章の形式なども工夫することが，効果的に表現するという視点から必要である。

　特に最近では，新聞，テレビ，映画，ビデオだけでなく，コンピュータや情報通信ネットワークなども普及し，言語表現のありようも大きく変化してきている。このことも踏まえて，多様で魅力ある指導をおこなう必要がある。

2　目標

　「国語で適切かつ効果的に表現する能力を育成し，伝え合う力を高めるとともに，思考力や想像力を伸ばし，言語感覚を磨き，進んで表現することによって国語の向上や社会生活の充実を図る態度を育てる」という「国語表現」の目標は，前段で表現力についての目標を示し，「とともに」から後の後段では思

考力についての目標を示している。その主なポイントは次のような4点である。

ポイント1：効果的に表現する力を育成する
　適切な言葉の選択と使用にとどまることなく，自分らしさを十分に出して，聞き手や読み手を納得させたり，共感させたりすることができる説得力のある表現や感動を与える表現力を育成する。
ポイント2：思考力や想像力を伸ばす
　判断し，類推し，構成するなどの思考力を育成するとともに，変化の激しい現代社会において，今後を予測し，どうすべきか検討し，見通しをもって行動するために，また豊かな感性や情緒をはぐくむために想像力を育成する。
ポイント3：言語感覚を磨く
　言葉の適切さや美しさを判断する感覚を洗練し，表現の質を高める。
ポイント4：国語の向上や社会生活の充実を図る態度を育成する
　積極的に表現することによって，国語そのものや自らの言語の運用を考える機会を与え，よいところは伸ばし，不十分なところがあれば改善して国語力の向上を図る態度を育成する。また，社会生活における言語活動を想定し，そこでの言語の運用を意識して学習させることで，人生を豊かにし，社会生活の充実を図る態度を育成する。
　「伝え合う力」について，「国語表現」においては，小学校，中学校及び「国語総合」と一貫して高めてきているこの力を，一層確かで豊かなものとすることが大切である。

3　評価規準

　学習指導要領を踏まえ，「国語表現」の科目の特性に応じた評価の観点の趣旨は次の通りである。

	関心・意欲・態度	話す・聞く能力	書く能力	読む能力	知識・理解
国語表現	国語で伝え合う力を進んで高めるとともに，国語を尊	目的や場に応じて相乗的に話し的確に聞き取っ	相手や目的，意図に応じた適切かつ		言葉の特徴やきまり，役割などに

	重してその向上を図ろうとしている。	たり，話し合ったりして，自分の考えを深め，発展させている。	効果的な表現による文章を書き，自分の考えを深め，発展させている。		ついての理解を深め，知識を身に付けている。

　学校教育法や新しい学習指導要領を踏まえ，ほかの教科等の学習評価では，「関心・意欲・態度」，「思考・判断・表現」，「技能」，「知識・理解」の４観点を設定していることが多い。「国語表現」の科目の特性を考えれば，特に「思考・判断・表現」については，生徒の論述，討論などの言語活動を通じて評価することが大切である。

　そのために，まずは学習の中で評価規準が求めている発言や行動などがおこなわれているかを「観察」したり，記述されているかどうかを机間指導などにより「点検」したりする必要がある。さらに観察や点検にとどまらず，評価規準を満たしているかどうかを，発言や行動の内容，ノートや提出物などから「確認」し，こうした行動の観察や行動の確認を踏まえて「分析」をおこない，評価規準に照らして実現状況の高まりを評価することが重要である。

4　学習活動

（1）発表や討論をする言語活動：「模擬裁判」に挑戦させる

　ここで紹介する学習活動では模擬裁判を通して，議論や論証の構造を判断する力を育成し，自分の考えを適切に表現する力を育成することをそのねらいとしている。

①身に付けさせたい力

　相手の立場や異なる考えを尊重して課題を解決するために，論拠の妥当性を判断しながら話し合うこと（「国語表現」（1）イ）。

②評価規準

関心・意欲・態度	話す・聞く能力	知識・理解
異なる考えを尊重し，論拠の妥当性を判断しながら話し合おうとしている。	論拠に基づいて，自分の考えをまとめている。	表現することの基盤を一層確かなものにし，言語によって社会生活が成り立つことへの理解を深めている。

③学習展開例
　裁判の流れや裁判員制度，裁判員の役割について理解し，裁判の陳述例を聞き，尋問や質問例を考えたり，検察官側の論告や弁護人側の弁論を聞いたりして，論拠に基づいて自分の考えをまとめ，6人1グループとなって評議する。評議した内容をほかのグループの評議内容と比較し，相互評価をおこなう。

④学習のポイント
　ア　裁判の記録の朗読を聞きながら重要だと思われることについてメモをとり，疑問に思ったことについて質問や尋問をする。
　イ　裁判の記録の朗読に基づいて，論拠を踏まえて自分の意見を述べ，他者の意見も尊重し，最も妥当性のある論拠を踏まえた意見はどの意見かを考える。
　ウ　意見に対して論拠が適切であったかをほかのグループの評決と比較して分析をおこなっている。

⑤参考資料　模擬裁判のための朗読のシナリオ等は法務省の「よろしく裁判員」というコーナーからPDFでダウンロードすることができる。

（2）詩歌や小説を書く言語活動：「300文字小説」に挑戦させる

　小説には書き手が自由に思い描いた世界を構築する楽しさがある。たった300文字だからこそ，言葉を選び，構成を工夫することに生徒を集中させることができる。「ライトノベル」という文章ジャンルがあるが，文字数が「ライト（軽い：少ない）」な「ノベル（小説）」として紹介し，小説で虚構の世界を描くおもしろさに気づかせ，文章を書く楽しみを堪能させたい。

①身に付けさせたい力
　主張や感動などが効果的に伝わるように，論理の構成や描写の仕方などを工

夫して書くこと(「国語表現」(1)ウ)。
②評価規準

関心・意欲・態度	書く能力	知識・理解
主張や感動などが効果的に伝わるように工夫して書こうとしている。	論理の構成や描写の仕方などを工夫して書いている。	表現することの基盤を一層確かなものにし,言語文化の創造への理解を深めている。

③学習展開例
　短い文章でも鮮明なイメージを与える小説やコラムを鑑賞し,主張や感動などを効果的に伝えるためにはどのような表現の工夫があるのかをグループで考えさせる。また,300文字小説としてフィクションの小説を書かせ,300文字小説集として製本したり,朗読したりして相互評価をおこなう。
④学習のポイント
　短い文章を小説として完結させるためには,抽象度を徐々に低くする次のような論理の構成とすることが有効である。
　　ア　最初に伝えたい主張(感動)を述べる。(抽象度:高)
　　イ　次に,その主張(感動)を説明するためにわかりやすい具体例を精選して挙げる。(抽象度:中)
　　ウ　さらにその具体例を使って,主張(感動)を的確に説明する。(抽象度:低)
例:わたしは恐ろしい夢を見た。見た後も震えがとまらずいつしか涙さえも頬をつたって流れてきた。(ア)その夢に現れたのは金色の袈裟を身にまとった一人の高僧だった。(イ)夢に現れた高僧は長い杖でわたしの住む町を指し,その瞬間町に火の手が上がり,その炎はわたしの住む町を燃えつくしたのだ。そこには,逃げ惑うわたしの哀れな姿もあった……。(ウ)

(入部明子)

◆参考文献◆
＊文部科学省国立教育政策研究所教育課程センター『評価規準の作成,評価方法等の工夫改善のための参考資料【高等学校　国語】』教育出版,2012年
＊模擬裁判の朗読のシナリオはこのほかに,入部明子『体験!裁判員　法廷から学ぶ裁判員の"国語力"』(明治書院,2009年)があり,評議での話し合い例やポイントについても詳述している。

第四節
「現代文Ａ・Ｂ」の学習指導

1　概説

　「現代文Ａ」と「現代文Ｂ」は，単なる標準単位数の違いでも難度の違いでもなく，それぞれ異なる性格をもつ選択科目として設定されている。「現代文Ａ」（標準２単位）は，「国語総合」のうち「Ｃ　読むこと」における近代以降の文章の分野と〔伝統的な言語文化と国語の特質に関する事項〕とを中心として，その内容を発展させた科目であり，「現代文Ｂ」（標準４単位）は，近代以降の文章を読むことを中心としつつ，「国語総合」の総合的な言語能力を育成する性格を発展させた科目である。「現代文」がこのような異なる二つの性格の科目構成をとったのは高等学校国語科教育課程史上はじめてのことである。

　国語科の内容を〈近代／前近代〉の時間軸で分け，それに基づいた科目分化は，昭和35年版学習指導要領における必修科目「現代国語」の新設に始まる。それ以前は，「国語甲」「国語乙」といった区分けはあっても「漢文」を除けば，小中学校同様の〈総合国語〉が高等学校国語科の基本的性格であった。ただし，戦前の中等教育段階における国語が古典や美文，名文の解釈にあったことと同様に，その内実は，戦後も古典の解釈が中心であった時期が長く続いていた。しかし，高度経済成長を背景にして国語科の教科内容も新しい現代性，科学性が追求される中で「現代国語」の必修化という改訂がなされたのである。これは当時としては画期的なことであった。その後，「現代文」が昭和53年版学習指導要領で登場し，〈近代／前近代〉という科目の枠組みは，大学受験の大問構成とも呼応しつつ，定着して今日に至っている。一方，古典は「古典」と「古典講読」のように複数科目が設置されていた。それに対して，長らく「現代文」は一科目のままであった。このように，古典を含まない国語科の科目が誕生してからすでに半世紀以上が経過している。大学受験科目から古典が外れ

＊１　「現代国語」新設の背景と意図に関しては，時枝誠記「『現代国語』の意義」（『高等学校国語教育実践講座第二巻　聞くこと話すことの指導と実践』学燈社，1962年）に詳しい。また，高校国語科の科目二分化に関する史的考察は，幸田国広『高等学校国語科の教科構造　戦後半世紀の展開』（溪水社，2011年）を参照のこと。

る大学が多くなり，古典離れが一層加速する中，近現代の文章の読解はより求心性を強めているようにも思われる。

　では，なぜ今，「現代文」科目が二種類も設定されたのだろうか。科目多様化の背景には，高等学校や高校生自体の多様化がある。1980年代以降，高校進学率が9割を超えて実質的な全入状態になり，加えて2000年以降の急速な少子化の進行に伴い，高等学校自体の位置付けや役割も相対的に変化せざるを得なくなった。そこで，学校や生徒の実態に応じた柔軟な学習指導を一層進めることを可能にするため，「現代文」も古典科目に合わせるように2科目構成となったのである。また「現代文A」については，小・中学校で〔伝統的な言語文化と国語の特質に関する事項〕が新設されたことを受けて，高等学校において近代以降の言語文化についての理解を深めることが重視されたためでもある。後に詳しく述べるが「現代文A」は，従来の「現代文」とは異なり，「古典A」同様，言語文化の課題探求的な学習が期待されている全くの新科目である。

　従来の「現代文」の性格を引き継いだ「現代文B」も，全くこれまでどおりというわけではなく，大きく改善がなされている。近代以降の文章について「読むこと」を中心としつつも，「言語活動の充実」により，「現代文B」においても総合的な言語能力の育成をより明確に志向していることである。それは，目標の中に「適切に表現する能力を高める」とあるように，「話す・聞く能力」「書く能力」の育成をもねらっていることがわかるだろう。「国語総合」で培った「話す・聞く能力」「書く能力」「読む能力」をより高め，伸ばす場が「現代文B」なのである。

2　目標・内容

(1)「現代文A」の目標・内容

　「現代文A」は「読むこと」の能力向上を大切にしつつも，中心は言語文化への理解と生涯にわたる読書に親しむ態度の育成にある。この重点の置きどころが「現代文B」とは異なっている。我が国の伝統と言語文化に対する理解を深め，生涯にわたって古典に親しむ態度を育てようとする「古典A」と対をなしている。「現代文A」では，読む対象が近代以降の文章であり，それまでの

歴史と伝統を受けてつくられた言語文化を継承し，発展・創造する人間の育成が目指されているのである。

教材については「内容の取扱い」「（2）教材に関する事項」に，「ア　教材は，特定の文章や作品，文種や形態などについて，まとまりのあるものを中心として適切に取り上げること」とあるように，従来，「現代文」の教材が短編や作品の一部を切り取ったものを細かく取り扱うことが多かったことから，例えば長編小説を丸ごと扱ったり，特定の作家の文章や，ジャンルを絞って現代評論を集中的に取り上げたりすることが期待されている。あくまでも言語文化に対する理解をいかに深めるか，そして，生涯にわたる読書人をいかに育てるかに重点があるためである。

指導すべき事柄としては，とりわけ指導事項の「ウ　言語文化の特質や我が国の文化と外国の文化との関係について理解することに関する事項」「エ　近代以降の言語文化について課題を探求し，理解を深めることに関する事項」が科目の特徴をよく示している。自国の言語文化の特質は，外国文化との比較により明瞭となる。我が国の「近代」を理解するためには，諸外国とりわけ西洋諸国との関係が極めて重要である。そして，言語文化についての理解を深めるためには学習者自らが課題を設定し，それまで学んできたことを最大限に活用して探求する，主体的な学習活動が要請される。そのことによって，国語や言語文化を尊重する態度が育成されていくのである。

（2）「現代文B」の目標・内容

一言でいえば，言語文化を探求する科目である「現代文A」に対して，「読むこと」を中心に総合的な言語能力を伸ばす科目である「現代文B」は，「国語総合」の目標と比較すると，そのねらいと重点がより明瞭になる。「現代文B」においても「国語総合」と同様に「的確に理解し」と「適切に表現する」という文言は目標内に含まれているが，よく見るとそれらを「高める」となっていることがわかる。「国語総合」の近代以降の分野を直接引き継ぐ科目であるといえよう。指導事項の「エ　目的や課題に応じて，収集した様々な情報を分析，整理して資料を作成し，自分の考えを効果的に表現すること」「オ　語句の意味，用法を的確に理解し，語彙を豊かにするとともに，文体や修辞など

の表現上の特色をとらえ，自分の表現や推敲に役立てること」が表現に関する指導事項であることに留意したい。

　したがって，ここでもやはり言語活動が重要になる。どのような言語活動によって目的を達成しようとするのか，という点に教師の工夫が求められる。漫然と教材を読み，黒板に教師がまとめた内容をノートにとることを繰り返すだけの国語の授業では，現代社会で求められる言語能力を育てることは難しい。また「ものの見方，感じ方，考え方」を深めるためにも，「話し合い」や「意見を書く」「創作的な活動」といった言語活動を通して指導することが求められる。

　教材についても，評論や小説だけでなく「現代の社会生活で必要とされている実用的な文章」，例えば「法令文」「広告文」等を含む「様々な種類の文章」を取り上げることが期待されている。

3　評価規準

　学習指導のねらいを生徒の学習状況として実現された状態を具体的に想定したものが評価規準である。これは，各学校において設定するものである。「現代文A・B」の場合も，そのねらいに即して，個別の学習指導の達成を，生徒の実態を勘案しつつ，どのような学習状況として確認できれば「おおむね満足できる」とするのか，を検討しなければならない。

　次頁に，『評価規準の作成，評価方法等の工夫改善のための参考資料』（文部科学省国立教育政策研究所　平成24年7月）に参考として示された「選択科目の評価の観点の趣旨」から，「現代文A・B」の部分を抜粋しておく。

　このように，「現代文A」では「関心・意欲・態度」「読む能力」「知識・理解」の3つの観点から具体的に記述する。一方，「現代文B」では5つの観点が想定できるが，単元の性格に留意し，「関心・意欲・態度」と「知識・理解」以外についてはどこに重点を置くかを考慮のうえ，1〜3つを選択して記述す

---

*2　高等学校国語科における言語活動の多様性，充実のさせ方としては以下の二冊が参考になる。鳴島甫・高木展郎著『高等学校　新学習指導要領の展開　国語科編』（明治図書出版，2010年），田中宏幸・大滝一登編著『中学校・高等学校　言語活動を軸とした国語授業の改革　10のキーワード』（三省堂，2012年）。
*3　文部科学省国立教育政策研究所教育課程研究センター『評価規準の作成，評価方法等の工夫改善のための参考資料　【高等学校　国語】』教育出版，2012年

	関心・意欲・態度	話す・聞く能力	書く能力	読む能力	知識・理解
現代文A	文章を読む楽しさを味わい読書に親しむとともに，言語文化に対する関心を深め国語を尊重してその向上を図ろうとしている。			目的に応じて，まとまりのある近代以降の文章を読み，自分の考えを深め，発展させている。	言語文化及び言葉の特徴などの理解を深め，知識を身に付けている。
現代文B	国語で理解し表現する力を進んで高めるとともに，国語を尊重してその向上を図ろうとしている。	目的や場に応じて効果的に話したり的確に聞き取ったりして，自分の考えを深め，発展させている。	必要な情報を用い，相手や目的，課題に応じた適切な表現による文章を書き，自分の考えを深め，発展させている。	近代以降の文章を的確に読み取ったり，目的に応じて幅広く読んだりして，自分の考えを深め，発展させている。	言語文化及び言葉の特徴やきまりなどについての理解を深め，知識を身に付けている。

る。5つの観点すべてを常に網羅しなければならないということではない点に留意したい。例えば，評論文の論理性をとらえることをねらいとしてワークシートのメモを書く言語活動を設定したとしても，その活動はあくまでも論理性を読み取るための手段であり，単元の目的ではない。その場合，「書く能力」は評価規準の観点とはならないのである。

4　学習活動

（1）「現代文A」の学習活動例　　「外国における日本近現代文学の評価」

　　この学習活動は，外国で翻訳され読まれている日本の近現代文学を調べ，どのような点が受け入れられ評価されているのか，また，そこから我が国の言語文化としてどのような特徴が見られるかについて考察する。前項にも示した指導事項「ウ　言語文化の特質や我が国の文化と外国の文化との関係について理解することに関する事項」に関する学習活動である。言語活動例については，「イ　広い視野に立って文章の内容や表現の特色を調べ，発表したり論文にまとめたりする言語活動」や「ウ　読み比べたことについて，話し合ったり批評したりする言語活動」が想定される。例えば，概略以下のような展開が考えられる。

　　1次　どんな作家・作品が翻訳されているかを調べ，作家ごとにいくつかの

グループに分かれる。グループ内で作品を分担する。
　2次　担当作品について精読し，海外での翻訳の特徴や評価について詳しく調べたうえで，日本における評価と比較したり作品の魅力について考察したりする。
　3次　グループ内での中間発表会を経て，全体での発表をおこなう。
　こうした展開の場合，2次における作品の読みをどのくらい深められるかが重要になる。また，担当作品については，1作品を必ず複数で担当して各自の読みを交換し合えるようにしたい。

（2）「現代文B」の学習活動例「異なるジャンルの文章に書き換えよう」

　例えば，中島敦の小説「山月記」を戯曲に，宮沢賢治の詩「永訣の朝」を物語に，丸山真男の評論「『である』ことと『する』こと」を詩に，といったように，教科書に載っている文章を異なるジャンルの文章に書き換える活動をおこなうことで，その文章の表現内容や特徴を丁寧にとらえると同時に，別の表現様式に転換するためにはどのような表現が適切かを吟味する力を養う。理解力と表現力が一体となった学習活動である。特に，指導事項の「イ　文章を読んで，書き手の意図や，人物，情景，心情の描写などを的確にとらえ，表現を味わうこと」「ウ　文章を読んで批評することを通して，人間，社会，自然などについて自分の考えを深めたり発展させたりすること」にかかわる。言語活動例としては，「ウ」の創作的な活動，「エ」の報告書や論文集の編集が想定される。概略以下のような展開が考えられる。
　1次　書き換えの対象となる文章について，内容・表現の特徴をとらえ，どのようなジャンルに書き換えられるかを検討する。
　2次　書き換え作品を完成させる。
　3次　完成した作品を集めて編集し，作品集をつくる。それを読み合い，相互評価をおこなう。
　同じ作品を扱っても，生徒によっては詩にしたり物語にしたりと多様性が出てくるだろう。作品集を編集する際には，どのような編集をおこなうと各生徒の作品の差異が際立ち魅力が浮き彫りになるかを考えさせたい。

（幸田国広）

第五節
「古典A・B」の学習指導

1　概説

　「古典A」・「古典B」は，平成20年1月の中央教育審議会答申での，

　　○古典の指導については，我が国の言語文化を享受し継承・発展させるため，生涯にわたって古典に親しむ態度を育成する指導を重視する。……教材については，我が国において継承されてきた言語文化に親しむことができるよう，長く読まれている古典や近代以降の作品などを，子どもたちの発達の段階に応じて取り上げるようにする。[*1]

を受け，

　（オ）「古典A」は，現行の「古典講読」の内容を改善したものとする。「国語総合」の学習を踏まえ，古典の原文（近代以降の文語調の文章を含む）のみならず，古典についての解説文や小説，随筆なども教材として幅広く取り上げ，古典の世界に親しむ態度をはぐくむ。関連して，言語の役割，国語の成り立ちや特質についても指導し，我が国の言語文化に対する理解ができるようにする。

　（カ）「古典B」は，現行の「古典」の内容を改善したものとする。「国語総合」の学習を踏まえ，古典の原文や，古典についての評論文などを教材として取り上げ，話すこと・聞くこと，書くこと及び読むことの言語活動を通して，系統的に古典に接することができるようにし，古典に対する関心と知識を高め，古典を読む能力を育成する。

と規定されて選択科目として設置された。いずれも共通必履修科目「国語総合」の「読むこと」の古典分野と〔伝統的な言語文化と国語の特質に関する事項〕とを中心に発展させた科目となっている。ここで注意すべきことは科目名にある「A」・「B」がたんなる難易度や基本・発展の区別によるものではないことである。また，この科目の前提となる古典及び生涯学習の重視については，

＊1　文部科学省『高等学校学習指導要領解説　国語編』教育出版，2010年

「教育基本法」
　第2条5（教育の目標）伝統と文化を尊重し，それらをはぐくんできた我が国と郷土を愛するとともに，他国を尊重し，国際社会の平和と発展に寄与する態度を養うこと。
　第3条（生涯学習の理念）国民一人一人が，自己の人格を磨き，豊かな人生を送ることができるよう，その生涯にわたって，あらゆる機会に，あらゆる場所において学習することができ，その成果を適切に生かすことのできる社会の実現が図られなければならない。

と深くかかわることも，指導するうえで知っておくべきことであろう。

「古典A」・「古典B」についての概略を表にすると以下のようになる。

古典A		古典B
・伝統的な言語文化に対する理解を深める ・生涯にわたって古典に親しむ態度を育成する	目標	・古典を読む能力を高める ・古典についての理解や関心を深める
・言語文化について探究する ・古文・漢文のいずれか一方の指導でも可とする	主な内容	・読む能力を高める ・古文と漢文の両方を指導する ・文語文法も指導する
・音読，朗読，暗唱をする ・古典などを読み比べて話し合う等	言語活動例	・課題を追究し，成果を発表したり文章にまとめたりする等
・特定の文章や作品，文種や形態でまとまりのあるものを中心とする ・古典に関連する近代以降の文章を必ず含める	教材	・言語文化の変遷についての理解に資するもの

2　目標・内容

「古典A」は，生涯にわたって古典に親しむ態度を育成することをねらいと

し，課題を設定して探究したりするなど，現代に生かすために古典への興味・関心を広げることを重視し，以下の項目を指導事項としている。
ア　古典などに表れた思想や感情を読み取り，人間，社会，自然などについて考察すること。
イ　古典特有の表現を味わったり，古典の言葉と現代の言葉とのつながりについて理解したりすること。
ウ　古典などを読んで，言語文化の特質や我が国の文化と中国の文化との関係について理解すること。
エ　伝統的な言語文化についての課題を設定し，様々な資料を読んで探究して，我が国の伝統と文化について理解を深めること。

「古典B」は，古典を読む能力を養うとともに，思考力を伸ばし，感性や情緒をはぐくみ，古典を通して人生を豊かにする態度の育成をねらいとする。そのために内容も「古典A」では特定の作品・文種などまとまりのあるものを中心とするのに対し，「古典B」ではある程度幅広く古典を取り上げ，言語文化の変遷に対する理解を深めることをねらいとし，以下を指導事項としている。
ア　古典に用いられている語句の意味，用法及び文の構造を理解すること。
イ　古典を読んで，内容を構成や展開に即して的確にとらえること。
ウ　古典を読んで，人間，社会，自然などに対する思想や感情を的確にとらえ，ものの見方，感じ方，考え方を豊かにすること。
エ　古典の内容や表現の特色を理解して読み味わい，作品の価値について考察すること。
オ　古典を読んで，我が国の文化の特質や我が国の文化と中国の文化との関係について理解を深めること。

3　評価規準

「古典A」及び「古典B」の評価規準としては，例えば以下のような例が挙げられよう。

「古典A」
　古典を読むことを通して，作品に表現されている多様な考え方やものごとの見方を理解し，自らの人生に積極的に生かす。　　〔関心・意欲・態度〕

古典の音読をすることを通して，古典語と現代語のリズムの違いに気づく。
〔話すこと・聞くこと〕
　伝統的な言語文化について課題を発見し，資料などを調べることを通して，我が国の伝統的な言語文化についての理解を深める。
〔読むこと〕〔知識・理解〕
「古典Ｂ」
　古典を読むことを通して，作品のもつ価値について理解し，自らのものの見方や感じ方を豊かにする態度を養う。　　〔関心・意欲・態度〕
　古典の語法を正確に理解して作品を読むことを通して，我が国の言語文化の特質についての理解を深める。　　〔読むこと〕〔知識・理解〕
　古典作品の構成や表現を的確に踏まえて読み，そこに表れた人間の生き方や考え方などを話し合うことを通して，古典に表れた思想や感情を主体的に理解する。　　　　　　　　　　〔読むこと〕〔話すこと・聞くこと〕
　いくつかの例を示したが，評価規準では，本来，「関心・意欲・態度」・「読むこと」・「話すこと・聞くこと」・「書くこと」・「知識・理解」のバランスが重要視されるべきである。ただし，「古典Ａ」「古典Ｂ」では，「読むこと」に重きが置かれ，「関心・意欲・態度」・「読むこと」・「知識・理解」が中心となる評価規準が多く設定されることは，科目の性質上ある程度やむを得ないかもしれない。ただし言語活動例を適切に取り入れた学習活動を計画し，「書くこと」・「話すこと・聞くこと」にも十分に配慮した評価規準が用意されることが望まれることは言うまでもない。

4　学習活動

　「古典Ａ」では，古典への幅広い関心をもち，生涯学習に結び付けた課題を主体的にもつような学習活動を計画する必要がある。
　具体的には，まとまりのある古典作品や古典に関する近代以降の文章を教材として学習者に提供し，古典の世界に楽しくふれ，生涯にわたって古典に親しむ態度を育成できるような学習活動を意図するということである。ただし「まとまりのある」ことにより，かえって語句や文法，現代語訳のための学習活動が過度にならない配慮も必要である。以下は学習指導要領の言語活動例をもと

に想定できる学習活動の例である。

　　ア　音読・朗読・暗唱をする言語活動
　古典はただ文字を見ているだけでは十分に理解できない。例えば和歌はもともと朗詠・朗唱により披講されたものであり，枕詞や序詞の技法の理解もそうした音声言語に由来することを知らないと十分に理解できない。俳諧にしても，五・七・五音は単純な音数ではなく音声言語にした場合の拍による音数によって数えられることを，音読や朗読をすることで理解させるべきである。

　　イ　表現について調べたことを報告する言語活動
　古典に興味・関心をもつというと，文学史にある有名な古典作品を「読むこと」だけしか思い浮かばない人も多いだろう。しかし，そうした個々の古典作品を読解する以前に，日常生活の中に古典に由来する表現が数多く存在することに気づき，それらについて調べるような学習活動を積極的に展開すべきである。例えば二十四節気や年中行事は天気予報や新聞広告などでしばしば話題として取り上げられるし，鉄道路線名は旧国名に由来するものが多い。主体的に身近な古典にかかわる課題を発見し調べて，文章にしたり発表する活動が大切である。

　　ウ　読み比べたことについて，文章にまとめたり話し合ったりする言語活動
　古典の「読み比べ」とは，テーマや時代を同じくするものや古文と漢文を読み比べて，そこから感じたことがらなどを生徒自身の人生や生活とさらに比べることで，感性や価値観の育成に資するための学習活動である。

　「古典B」では，古典の原文を的確に理解し，我が国の言語文化の特質についての理解を深めることが可能になるような学習活動が要求される。

　「古典B」は「古典A」と異なり，古文と漢文の両方を取り上げ，偏りのないように指導することが求められている。文語文法や訓読などについてもより正確な知識と深い理解が必要とされる。また言語文化の変遷が理解できるような教材の配置や，日本漢文も含めることが明示されている。

　学習指導要領の言語活動例をもとにすると，以下のような学習活動が想定できると考える。

　　ア　言葉の変遷について調べてわかったことを報告する言語活動

辞書の活用は，古典の学習に限らず社会生活を営むうえでも重要な情報管理能力と連係している。辞書を目的に応じて選択して検索し，意味を読み取り，比較して吟味する一連の活動は，国語力の育成のために重要な学習活動である。例えば「ありがたし」や「故人」など，現代語と意味が大きく異なる語句を古語辞典や漢和辞典で検索させることが効果的な学習活動として考えられる。

　　イ　読み比べたことについて説明する学習活動
　「古典A」では「読み比べ」が課題探求型学習の段階まで求められたが，ここでは「説明」する活動となっている。ただし，読み比べる際には「共通点」や「相違点」といった観点を明瞭にする客観的姿勢が求められる。
　　ウ　古典に表れた人間の生き方や考え方について話し合う言語活動
　古典の学習では，これまでしばしば「鑑賞」という学習活動が行われてきたが，多くは主観的な印象批評や感想文にとどまってしまっていた。ここでは，他者との〈読み〉（解釈）の交流を，文章中の表現に根拠を求めて話し合うことで「鑑賞」を開かれた学習へと導く。文学作品においては読み手の独善的な解釈に作品評価がすべてがゆだねられるのではなく，他者に共感を得られるような「読み」を形成することが重要であることを知る大切な学習活動である。
　　エ　課題を探求し，成果を発表したり文章にまとめたりする言語活動
　「古典A」でも課題探求型の学習活動が提示されているが，「古典B」でもできるだけそうした方向性をもつ学習活動が望まれるとする。テーマには言語文化の変遷に関連するものが選定されるとさらによいだろう。「古典A」「古典B」のいずれにおいても，課題を発見して主体的に探求する学習活動は，将来にわたって主体的な学習活動をおこなうための基礎として重要であることはいうまでもない。

（石塚　修）

第二部

実践編

第一章　国語科の実践 ……………………………… 96
第二章　国語科指導の実際 ………………………… 106
第三章　単元学習の実際 …………………………… 168

第一章 国語科の実践

第一節 国語科の指導計画と評価

1 国語科の指導計画と評価の位置

(1) 国語科の指導計画とは

　　主に「本時の学習指導案」段階，「単元指導計画」段階，「年間指導計画」段階で構成される。どの段階でも，どのような国語力を意図的・計画的に育成するのか，「指導計画とその評価」（以下，「指導計画と評価」とする）を具体的に位置付けることが基本である。

　　さらに，「本時の学習指導案」，「単元指導計画」，「年間指導計画」のどの段階でも，導入部，展開部，終末部から構成されるので，それぞれの目標や役割に応じて「指導計画と評価」を具体的に位置付けることになる。

　　例えば，次のような「指導計画と評価」を位置付ける必要がある。

〔導入部〕

- 生徒たちが学習に意欲的に取り組む動機を大切にする「指導計画と評価」を位置付ける。
- 生徒たちのこれまでの学習状況を的確に把握する「指導計画と評価」を位置付ける（○同列目標の前単元での既習の学びや学習方法を生かす）。

〔展開部〕

- 生徒たちの既習の学びや内容を生かす「指導計画と評価」を位置付ける。
- 生徒たちの努力を要する学習状況（C）に対して，どうすればおおむね満足できる学習状況（B）になれるのか，その手だてや方法を「指導計画と評価」として位置付ける。
- 生徒たちのおおむね満足できる学習状況（B）に対して，どうすれば十分満足できる学習状況（A）になれるのか，その手だてや方法を「指導計画

と評価」として位置付ける。
・生徒たちの十分満足できる学習状況（A）に対して，どうすればさらに十分満足できる学習状況（AA）になれるのか，その手だてや方法を「指導計画と評価」として位置付ける。
（○生徒の学習状況に応じて，指導と評価の一体化を図る）

〔終末部〕

・生徒たち個々の学習成果と課題を大切にする「指導計画と評価」を位置付ける。
・生徒たちの学習成果と課題を交流し更なる学習意欲と課題を発見できる「指導計画と評価」を位置付ける。
（○同列目標の次単元での学びや学習方法と関連させる。）

　つまり，各段階での「指導計画と評価」の**ねらい**は，目標としての国語力を意図的・計画的に実現することである。

（2）国語科の基本的な枠組み

　前述の「本時の学習指導案」等の「導入部，展開部，終末部」は，次のａ，ｂ，ｃの"柱"で構成される。それは，国語科の基本的な枠組みである。
　ａ　国語科の目標→学習指導要領・国語に準拠する。
　ｂ　（ａ）を実現するための学習内容と学習方法→教科書教材及び学習の手引き等に準拠する。
　ｃ　評価（指導計画と評価）→学習指導要領・国語に照らして評価する。
　従来の国語科授業では，ａ及びｂで終始する傾向が散見された。それは，"活動あって学習なし"と批判されてきた。今後の国語科授業では，ｃも明確に具体化することが，重要な実践課題である。それは国語科の説明責任・結果責任を発揮することである。
　この枠組みを貫く機能は，PLAN（学習指導計画）→ DO（実践）→ CHECK（評価）→ ACTION（指導と評価の一体化）である。

2 国語科の評価

(1) 児童生徒の学習評価の在り方

　この度の学習指導要領の評価の在り方について，平成22年5月11日付けで，文部科学省から次のような通知が公表された。

> 　このたび，中央教育審議会初等中等教育分科会教育課程部会において，「児童生徒の学習評価の在り方について（報告）」（平成22年3月24日）（以下「報告」という）がとりまとめられました。
> 　「報告」においては，学習指導要領において示された基礎的・基本的な知識・技能，それらを活用して課題を解決するために必要な思考力・判断力・表現力等及び主体的に学習に取り組む態度の育成が確実に図られるよう，学習評価を通じて，①学習指導の在り方を見直すことや②個に応じた指導の充実を図ること，③学校における教育活動を組織として改善すること等が重要とされています。また，④保護者や児童生徒に対して，学習評価に関する仕組み等について事前に説明したり，評価結果の説明を充実したりするなどして学習評価に関する情報をより積極的に提供することも重要とされています。
> 　（「小学校，中学校，高等学校及び特別支援学校等における児童生徒の学習評価及び指導要録の改善等について（通知）」，下線及び①～④は，引用者。以下，同じ）

　下線部の学習評価のねらいは，①は教師自身の学習指導の在り方，②は児童生徒一人一人への学習指導の在り方，③は学校全体の学習指導の在り方である。それに対して④は，「保護者や児童生徒に対して」の学習評価の在り方であり，「各学校」側は従来以上に積極的に保護者や児童生徒と学習評価の在り方を共有することが要請されている。しかも，④の内容は，①，②，③より詳しく説明されている。
　その背景には，この度の学習指導要領全体を規定する改正教育基本法に，教育の第一義的責任が次のように明記されたことがある。

> 第十条　父母その他の保護者は，子の教育について第一義的責任を有するものであって，生活のために必要な習慣を身に付けさせるとともに，自立心を育成し，心身の調和のとれた発達を努めるものとする。

　学校教育としての国語科の「指導計画と評価」の在り方も，保護者や児童生徒との共有や連携をしっかり視野に入れて具体化する必要がある。

（2）学習指導要領・国語の目標に照らして実現状況を評価する

　従前と同様に（相対評価を脱却し），目標に準拠した評価を確実に実施することが基本である。国語科の観点は，「国語への関心・意欲・態度」，「話す・聞く能力」，「書く能力」，「読む能力」，「言語についての知識・理解・技能」で構成されている。この5観点を形式的に運用するのではなく，各教材単元の目標に応じて軽重を付けて「指導計画と評価」を工夫する必要がある。

　具体的には，「評価規準の作成のための参考資料」（国立教育政策研究所教育課程研究センター）等を活用して，「本時の学習指導案」等の指導計画に評価規準を設定し，生徒たちの努力を要する学習状況（C）→おおむね満足できる学習状況（B）→十分満足できる状況（A）へと目標を実現する手だてや方法を「指導計画と評価」として位置付けることが肝要である。

　なお，新学習指導要領に示す目標に照らして，その実現状況を総括的に評価する「評定」（「中学校生徒要録」）は次の通りである。

> 「十分満足できるもののうち，特に程度が高い」状況と判断されるもの：5
> 「十分満足できる」状況と判断されるもの：4
> 「おおむね満足できる」状況と判断されるもの：3
> 「努力を要する」状況と判断されるもの：2
> 「一層努力を要する」状況と判断されるもの：1

　その際，aの学習指導要領・国語の目指す資質・能力とは何かを確認する必要がある。「第1　教育課程編成の一般方針」の「1」に次のように示されて

いる。

> 学校の教育活動を進めるに当たっては，各学校において，生徒に生きる力をはぐくむことを目指し，創意工夫を生かした特色ある教育活動を展開する中で，①基礎的・基本的な知識及び技能を確実に習得させ，②これらを活用して課題を解決するために必要な思考力，判断力，表現力その他の能力をはぐくむとともに，③主体的に学習に取り組む態度を養い，個性を生かす教育の充実に努めなければならない。
> (「中学校学習指導要領　第１章　総則」[*1]　①，②，③は，引用者。)

(小森　茂)

---

*1　これらの資質・能力は，平成19年6月に公布された学校教育法に規定されている。

第二節
授業実践（学習指導案）

1　学習指導案の例

中学校国語科学習指導案

　　　　　　　　　　　　　　指導教諭　　○○　○○先生　　印
　　　　　　　　　　　　　　教育実習生　○○　○○　　　　印

日時　　平成○（２○○○）年○月○日（○曜日）
　　　　第○校時（○時○分～○時○分）
対象学級　　○立○○中学校○年○組　○名（男子○名・女子○名）
単元名（教材名）　ヘルマン・ヘッセ「少年の日の思い出」（小説）
　　　　　　　　『国語一』○○出版

単元の目標
1　作品の構成や情景描写に着目して作品を読み深める（読むこと）。
2　感想を交流して，多様な受け止め方や読み方があることを知り，ものの見方や考え方を広げる（関心・意欲・態度）。
3　登場人物の行動や心情について自分なりの意見をもち，わかりやすく文章にまとめる（書くこと）。

教材観
　美しいものに対する憧れや，それによって衝動的に悪事へと走ってしまう人間の存在の一側面が描かれている。また，その自覚による成長が簡潔に示されている。感情の起伏の激しい少年期にある中学生にとって，共感をもって読み味わうことのできる作品として，教材価値は高い。

学習者観
　平均的な学力は高く，学習に意欲的な生徒が多い。その一方，読書習慣のない生徒も多く，また，読書が好きな生徒でも，外国の文芸作品を読み慣れている生徒は少ない。学習活動を通して，小説の基本的な読み方を確認させるように指導する。

指導計画
第1時　単元の目標を確認し，学習の見通しをもつ。全文を読み，新出漢字や語句の意味を確認する。
第2時　語り手の転換や時間の経過に着目して，作品の構成を把握する。
第3時　場面の転換をとらえ，登場人物相互の関係や情景を描写した表現に着目して，作品を読み深める。
第4時　ヤママユガのことを聞いてからの「ぼく」の行動と心情の変化をまとめ，それに対する自分なりの考えをもつ（本時）。
第5時　前半は，グループに分かれて感想の交流をおこなう。後半は，各自で感想文を書く。

単元の評価
1　構成や表現に着目して，作品を読み深めることができたか（ノート・定期考査）。
2　多様な考え方があることを知り，ものの見方や考え方を広げることができたか（授業時の観察・ノート・感想文）。
3　作品に対して自分なりの意見をもち，わかりやすく文章にまとめることができたか（授業時の観察・感想文）。

本時の目標と展開
1　「ぼく」の行動と心情の変化をとらえ，人物像を把握する。
2　「ぼく」に対する自分の考えをまとめることで，人間存在に対する理解を深める。

指導内容・時間	学習活動	指導上の留意点・評価
導入　5分 前時の学習内容を確認させる。	前時の学習内容を口頭で発表する。	2名を指名する。 【話・聞】内容を整理して話しているか。
展開　40分 登場人物の行動と心情をまとめる。（15分）	ヤママユガのことを聞いてから母に告白するまでの「ぼく」の行動と心情が書かれている部分に線を引く。	机間指導をおこなう。 【読】行動と心情が読み取れているか。

第一章　国語科の実践

	どの部分に線を引いたかを発表する。	5名程度に発表させる。補足しながら変化を板書にまとめる。
	板書を書き写しながら「ぼく」の人物像を把握する。謝罪を試みようとしたときの「ぼく」の心情とエーミールの様子とを把握する。	3名程度に文章中の該当部分を指摘させ，板書にまとめる。
登場人物の心情を整理する。(15分)	「ぼく」が自分の集めたチョウを押しつぶした理由を考える。	2名を指名する。【関】ほかの学習者の発言を聞き，考えを深めようとしているか。
読み取ったことや自分の考えをまとめさせる。(10分)	「ぼく」が苦しんでいる理由や「ぼく」が集めたチョウを押しつぶしたことに対する自分の考えをノートに書く。	【書】自分の考えを簡潔に書いているか。
まとめ　5分本時のまとめと次時の予告をする。	ノートを提出する。学習内容を振り返る。	書き終えていなくても提出させる。

本時の評価
1　「ぼく」の行動と心情の変化をとらえることができたか（授業時の観察・ノート）。
2　人間存在に対する理解を深めることができたか（授業時の観察・ノート）。

2　指導案の意義

教育実習生が学習指導案を作成することには，次のような意義がある。

(1) 指導計画が明確になる

授業計画を作成することによって，授業の意図が整理され，指導内容が具体的になる。

(2) 指導を受ける際の資料となる

学習指導案には作成者の教育観が反映される。指導教諭や授業参観者等から指導を受ける際の基本的な資料となる。

(3) 教育実習・教材研究・指導研究の記録・報告となる

学習指導案は，教育実習終了後，大学での指導・評価を受ける際の資料となる。また，共同研究の際の検証の資料でもある。

3　学習指導案の形式と項目

教育実習生の授業・校内研修授業・公開研究授業等，授業の在り方や目的に応じて，形式と項目は異なる。縦書きなのか横書きなのかということも含め，実習校や所属の大学で書式が定められている場合がある。

以下にいくつかの項目について説明する。

単元の目標　本節の例では学習者の立場からの学習目標を示した。これとは別に，指導者の立場からの指導目標を記述することもある。

教材観　その教材の価値を明快に記述する。

指導内容・指導上の留意点　主体は指導者となるので，表現を「範読する」「学習者に読ませる」などとする。

学習活動　主体は学習者となるので，表現を「ノートに書く」「提出する」などとする。

教材観・単元の評価等　単元全体にかかわることは，第1時の学習指導案に記載し，第2時以降は省略してよい。ただし，研究授業の場合は，指導の全体像

が理解されるように第2時以降の指導案にも記載しておく。
単元の評価　単元の目標と照応させ，評価の観点と評価方法とを記述する。

単元の評価例（感想文）
（1）「エーミールは冷たい性格で，少年がかわいそうだと思っていました。しかし，グループになったときに，ほかの人が，エーミールは何も悪いことをしていないと言ったのを聞いてから，もう一度この作品を読み直しました。すると，エーミールは被害者なのに，冷静に少年に対応していることに気がつきました。」
評価A。多様な考え方があることを知り，再度考え直した結果，自分の考え方を広げている。
（2）「自分は，何かを集めるのに熱中したことがないので，この人の気持ちがよくわからなかった。また，この人が部屋に入ったのは，エーミールがカギをかけなかったからなので，エーミールが悪いと思う。」
評価C。登場人物に関して表面的な理解にとどまっている。学習支援として，ほかの学習者の感想文を紹介したうえで，「自分がエーミールだったらどう考えるか」ということを考えさせる。
　本節の例では示していないが，下記の内容を記述する場合もある。
場所　HR教室ではなく，視聴覚教室や特別教室を使用する際に記述する。
指導の工夫・準備　一斉授業・グループ学習等の学習形態，ワークシートやDVD等の資料について記述する。
指導の評価　「学習者に考えさせる際の発問は適切であったか」「机間指導の際，理解度に応じた適切な指導ができたか」など，指導者自身に対する評価を記述する。

（岩﨑　淳）

第二章　国語科指導の実際

第一節
小説　中学校

はじめに

　教師にとって文学教材の指導は，まず自らが読者として，読むことから始まる。まず読んで，作品の構造上の特質をとらえ，生徒に読者として読ませるにはどうしたらよいかを考えなければならない。それが教材研究である。できたら，先行研究などにも目を通しておきたいものである。

　本章では，「少年の日の思い出」を教材例として，教材研究から学習指導の展開までを具体的に示すことにする。

1　概説

（1）教材としての「少年の日の思い出」

　「少年の日の思い出」（ヘルマン・ヘッセ作，高橋健二訳）は，平成24年度版中学校国語教科書全社（光村，教育出版，東京書籍，学校図書，三省堂）に収載されている教材である。教材としての歴史は古く，昭和22年の文部省教科書『中等国語二』が初出である。出典については同一ではなく，例えば，光村は『ヘルマン・ヘッセ全集第二巻』（新潮社，1958年），教育出版は『ヘッセ全集2　車輪の下』（新潮社，1982年）となっている。

（2）作品の概要

　小説の構造は，「私」という語り手が，ある「夕方」の過去のことと，その時点よりさらに過去の，客（ぼく）の語った少年時代の思い出を語るものとなっている。つまり冒頭から結末まで，「ぼく」の語り（語ったこと）を語り直すという形で，「私」が語ったものである。主な登場人物は，語り手である「私」，思い出を語る「客（ぼく）」，客の母，エーミールという4人で，それぞれに，チョウをめぐって様々な人間模様を紡ぎ出していく。ストーリーは，客（ぼく）が「私」のチョウの収集を見て，自らの思い出を語り出すという前置

きから始まる。「ぼく」が語った思い出というのは，チョウの収集に夢中になっていた少年時代に，自分の収集をエーミールという少年からけなされたことや，エーミールの持つヤママユを見たくて彼の部屋に入り，そこでヤママユを盗んでつぶしてしまったことである。さらに，「ぼく」は，自分の罪をエーミールに告白するが，受け入れてもらえなかったこと，償いができないことを悟って，収集した自分のチョウを粉々にしてしまったことの苦い体験を語って，語りを閉じる。

2　教材研究

(1)「語り手」の問題

　「少年の日の思い出」を論じるに当たって，語り手の問題から始めることにする。それは，今日，この教材の読みが，語り手の問題を軸として変わりつつあるからである。

　平成24年度版の教育出版の教科書に，コラム「ここが大事！ 語り手に注目して」が掲載された。そこに，新しい教材の読み方が次のように提示されている。

　「少年の日の思い出」は，「ぼく」の話を聞いた「私」（主人）が，過去を振り返る構成になっており，「ぼく」の語った話は，聞き手である「私」によって，語り直されているからである。

　これまで「私」の存在は，客である「ぼく」の話を引き出す役割として読まれてきた。それが，全編を通して「私」の語りによるとする読みの転回が示されたのである。このような読みは，現在のところ教育出版のみである。しかしながら，後述するが，「少年の日の思い出」は「私」による語りであると読むことによって，これまでになかった読みが開けてくるのである。語り手問題の重要性については，須貝千里が教科書を取り上げて詳しく論じている。[*1]

　須貝は，教育出版のコラムについて「〈私〉によって語り直されたものを，大人になった〈ぼく〉の立場で読むことが提起されています」とする。つまり，

---

*1　須貝千里「『『語り手』という『学習用語』の登場―定番教材『少年の日の思い出』（ヘルマン・ヘッセ）にて―」『日本文学 VOL.61』2012年

語り手であった「ぼく」は、「私」によって語り直された「ぼく」の話を、読む側に転換するというのである。須貝は、光村、学校図書のコラムは「語り手の〈私〉については問題にされていません」とし、「こうした事態には語り手の〈私〉と語り手の〈ぼく〉との関係性の把握という問題の看過という事態が示されています」としている。「少年の日の思い出」を従来どおり「私」の語り（前半）と「ぼく」の語り（後半）というように読むと、須貝の指摘のように、「私」と「ぼく」の関係性の把握を阻害する事態を招くことになるのである。

（2）先行研究をめぐって

この作品は、今日、多くの論者によって、様々に読まれてきている。そこで、語り手をめぐってどのように読まれてきているか、字数の都合上限られるが、先行研究を見ておこう。

①竹内常一「罪は許されないのか」[*2]

竹内は「小説は、かれの話を筋の通ったものとして提示している。それは、わたしがかれの話を聞き取り、ひとつの物語に書いているからである」とし、全編の語り手を「私」に見ている点で、語り手を「私」と「ぼく」と並列するのではない読みを提示したものとなっている。そのうえで「かれの語りにたいするわたしの応答は、かれの幼児時代の出来事を一編の小説に仕上げたことのなかにすでに提示されているのである」と述べる。「わたしの応答」とは何か。それは「わたし」が「ぼくも二度にわたってエーミールに傷つけられた被害者なのである」という認識をもつということである。そのことへの気づきによって「読者は〈一度起きたことは、もう償いのできないものだ〉という〈ぼく〉の絶望的な断念を超えて、〈罪は許される〉ことを発見することができるのではないか」と、読者への期待を示している。

②角谷有一「『少年の日の思い出』その〈語り〉から深層の構造へ──「光」と「闇」の交錯を通して見えてくる世界」

角谷は「〈私〉が、その思い出を再構成して語り直している」ことを確認す[*3]

[*2] 田中実・須貝千里編『文学の力×教材の力　中学校編1年』教育出版、2001年所収
[*3] 田中実・須貝千里編『文学が教育にできること─読むことの秘鑰─』教育出版、2012年

べきであり,「小説を最後まで読み終えたうえで,折り返して〈私〉の語りに内包された〈ぼく〉の語りを読んでいかなければならない」とする。そのことによって「読者には,客である〈ぼく〉が,〈私〉によって温かく迎えられ,受け入れられて,包み込まれていると読める」と述べる。そして,この教材を次のように意味づけている。

　「私」に促されて,過去の記憶をなぞりながら語ることによって,さらに,それが「私」によって再び語り直されることによって,自分の罪があらわなものとして目の前に晒され,その罪に対する罰を受けなければならないことを受け入れていく物語なのである。

角谷の論文に対して,田中実は次のようなコメントを寄せている。

　「ぼく」もエーミールもともに〈わたしの中の他者〉の世界に閉じられたまま,相手を憎みあっています。その双方の世界を見渡せるのが「私」で,この「私」がこの物語を「ぼく」なるものに語り直すことで,「ぼく」はその閉じられた憎しみの牢獄から抜け出せるのではないでしょうか。

角谷は罪と許しをテーマとし,田中は「ぼく」にとってのエーミールという他者の問題とその超克の可能性を読んでいると言えよう。[*4]

(3) 教材としての特質

①語るという行為

　「少年の日の思い出」は,「私」によって語られた小説である。「私」は「ぼく」が語る少年の日の思い出を聞き,それを語り直した。なぜか。それは,推測に過ぎないが,「私」は「ぼく」の語った内容に感動し,この話をとどめ,人々に知ってほしいと考えたからであろう。チョウという美しいものに心を奪われ,少年の日々を収集に捧げ,その熱情によって罪を犯してしまう「ぼく」を「私」は咎める気持ちにはなれなかったに違いない。「ぼく」が,エーミールという「ぼく」にとっては理解を超えた存在との葛藤に苦しみ,罪を償うことができないままに多くの年月を苦悩のうちに過ごしたことに対して,同情を感じているのかもしれない。そして何より「私」は,「ぼく」が語ったこと,

---

＊4　＊3に同じ

語るという行為をおこなったことに意味を見いだしたのではないだろうか。
　「ぼく」は、心の襞をめくるようにして、当時の心境を思い出しながら語ったはずだ。それはおそらく、今でも触れれば血の出るような傷口をえぐる行為だったろう。その苦行が、「ぼく」の宿痾（しゅくあ）のような悔恨とエーミールへの憎しみを溶かしだしたのではなかったろうか。「私」は、「ぼく」の話の内容と同時に、懺悔そのもののような、語るという彼の行為に感動し、自らが語り手となって「ぼく」の話を人々に伝えようとしているのである。
②語りの成立
　「ぼく」は語るという行為によって（そして、可能性として「私」によって語り直されたものを読むという行為によって）、エーミールと向き合い、自分の罪を再認識した。少年の日の過ちを相対化することで、積年の悔恨と憎しみから解放される道筋を見たのである。救済は外からもたらされたのではなく、自らの、語る（読む）という行為によって手にすることができたのだ。そのことが可能になったのは、「私」というかけがえのない聞き手を得たからにほかならない。「ぼく」の存在があって「私」の語りは成立したが、「私」があって「ぼく」の語りは紡ぎ出されたのである。「私」が「ぼく」の話のよき聞き手であったこと（また、よき語り手に転換したこと）、つまり「私」が「ぼく」を受け入れたことが、この小説の基調になっている。人を受け入れることが、人を癒やし救うことになるという語り手の思いが感じられはしないだろうか。
③教材としての魅力
　この教材は、暗く救いようのない、後味の悪いものとして受け止められる可能性が高い。コミュニケーションの成り立たない体験は、学習者の現実の中にいくらでもあるはずだから、学習者は「ぼく」に共感し、エーミールという異質な他者と向き合うことになる。また、「ぼく」が、エーミールによって許されないことで、自分自身によっても許されないまま生きているという現実は、学習者に生きることの厳しさを実感させるのではないだろうか。人生の真実に触れることができるのが、この教材の魅力である。
　しかし、読みの転回を図って、語りを読めば、教材は違った様相を見せてくる。「私」による受容がもたらす「ぼく」の再生の可能性が見えてくるのだ。

3　学習指導の研究　6時間扱い

（1）学習目標

①「ぼく」とエーミール，「ぼく」と「私」の関係をとらえ，それについて自分の考えをもつ。
②語り手に着目して作品の構造をとらえ，それについて感想をもつ。
③心情や情景などの優れた表現に着目して，その意味するものをとらえる。

（2）学習指導の展開

時間	学習活動	指導上の留意点と評価
1	①題名について考え，発表する。	・現在から過去を振り返り，思い出として心に残った出来事を語る内容であることを確認する。
	②全文を通して読み，感想を書く。	・読めない漢字，わからない語句をチェックするよう指示する。
	③登場人物，作品の構造を確認してノート（ワークシート）に書く。	・思い出の部分は「ぼく」という一人称で語られていることを意識させる。 ◇登場人物や構造が把握されたか。
2	①全体を場面分けし，後半部分の場面に見出しを付ける。	・前半と後半に分けたうえで，後半を6場面に分けさせる。
	②前半部分について，情景を想像し，気づいたことを発表する。	・「ぼく」の思い出話を引き出すことになった設定を想像させる。
	③感想を発表し合って，共通点や相違点を見つけ，読みの課題をノート（ワークシート）に整理する。	・解決されない疑問点や感想の集中するところを取り上げて，「ぼく」にかかわる読みの課題を設定させる。 ◇読みの課題が設定できたか。
3	①「ぼく」がチョウに熱中している様子を読み取り，説明する。	・チョウ収集への情熱を，具体的表現を押さえながら読み取らせる。

111

	②「ぼく」はエーミールをどのような人物としてとらえていたかを読み取り、ノート（ワークシート）に書く。	・エーミールに関する表現は、すべて「ぼく」の視点から見たものであることに気づかせる。 ◇「ぼく」の人物像、「ぼく」にとってのエーミール像をとらえたか。
4	①ヤママユガに対する「ぼく」の心情を読み取り、盗みを犯した理由を考え、話し合う。	・「盗みを犯した」という表現に注目させ、そのときの「ぼく」の心情をとらえさせる。
	②「ぼくの心を苦しめた」ものは何かについて、話し合う。	・「ぼく」は盗みについてどのように感じていたのか、とらえさせる。 ◇「ぼく」が、盗みを犯したことについてどのように思っていたか、とらえることができたか。
5	①「ぼく」のエーミールへの謝罪の行動について読み取り、ノート（ワークシート）に書く。	・「ぼく」は「話し、説明しようと試みた」とあり、謝罪したとは書いていないことに着目させる。
	②チョウを押しつぶした「ぼく」の心情をとらえ、話し合う。	・チョウを押しつぶした理由について、「ぼく」が自覚していたことを明確にさせる。 ◇「ぼく」の心情を想像して文章にまとめることができたか。
6	①「私」が「ぼく」の話を語り直した理由について話し合う。	・聞き手であった「私」が、語り手になった理由を考えさせる。
	②この話を「ぼく」が読んだとしたら、どのように感じたか、「ぼく」の独白の文章を書く。	・語り直された話を読んだ「ぼく」がどのように感じたか、想像して書かせる。読みのまとめとなる。 ◇「ぼく」を対象化して読むことができたか。

(1) 本時案　　第6／6時間目

時間	学習内容	学習活動	☆評価　※留意点
3分	本時のめあてを確認する。	○語り手は誰かについて発表する。	☆作品の構造を理解している。
15分	「私」が「ぼく」の話を語り直した理由を想像する。	○課題について話し合う。 課題：「私」は，なぜ，「ぼく」の話を語り直したのだろう。 予想される反応 ・「ぼく」の話に感動したから。 ・「ぼく」の話を人々に伝えたいと思ったから。 ・語り直すことで，「ぼく」に自分の気持ちを伝えたいと思ったから。	※グループで話し合い，全体の場で話し合いの内容を報告するようにする。 ☆課題について，「私」の語った理由を想像し，話し合っている。
20分	「ぼく」がこの話を読んだらどのように感じたか，気持ちを想像する。	○「ぼく」の気持ちを想像して，独白の形で文章に書く。 予想される反応 ・「ぼく」は，エーミールに対して偏見をもっていたかもしれない。 ・「ぼく」は，盗みを犯したことを本当に悔いていただろうか。 ・「ぼく」は，ようやく自分のしたことが理解できたような気がする。	※自分の語ったことが語り直されるということがどのような意味をもつか，考えさせる。 ※「ぼく」は，語りの中の自分について，どのように感じたか，考えさせる。 ☆「ぼく」になりきって，独白の文章を書いている。
12分	書いた文章を交流する。	○書いた文章を発表したり，友達の発表を聞いたりする。	※自分の書いた内容と比較しながら聞くように指示する。

（牛山　恵）

第一節
小説　高等学校

1　概説

(1) 小説の教材研究

　小説の教材研究をおこなうに当たっては，文字言語による表現である小説が言語の線上性，時間性に強く規定されていることを押さえる必要がある。小説の読者は，絵画などの鑑賞者とは異なり，一度に小説の世界のすべてを受容することはできない。小説の読者は，物語の時間的な進行に導かれて作品を読み進めるのである。物語を進行させる人，つまり物語を語る人のことを「語り手」と呼ぶことにしよう。語り手の視点から小説を読むと，作品は登場人物の世界と，語り手の世界が重なり，層をなした世界であることに気づくはずである。このような読み方によって，小説の世界は立体化してくる。物語や小説を読むときに，語り手に注目する必要がある所以である。「場面や情景をとらえる」読み方や，「人物の心情を押さえる」といった読み方からステップアップして，語り手が「どのように語っているか」，「なぜそのように語るのか」という語りの形式を含めて読むことを目指したい。このような読み方によって，新たな着眼点から小説のテーマにせまることが可能となってくるだろう。

　語り手が「どのように語っているか」，「なぜそのように語るのか」という語りの形式を読むための入り口は，お話がどのような順で語られているかに着目することにある。ここでは，小説のお話の内容が語られた順（冒頭の一行から結末の一行までの全体の構成）をプロット，小説内の出来事を起きた順（過去から現在に向かって進む時間の流れ）に整序したものをストーリーと呼ぶことにしよう。昔話の「桃太郎」は，「むかしむかし，あるところに，おじいさんとおばあさんが住んでいました……」という冒頭から，「桃太郎は，おじいさんとおばあさんと幸福に暮らしました」という末尾まで，プロットとストーリーは完全に一致している。しかし，近現代の小説の語り手は，ストーリーの順に語るとは限らず，ストーリーとプロットは必ずしも一致しない。語り手は

自らの語りの方略に基づいて語るからである。

(2) プロットとストーリー

　G・ジュネット（『物語のディスクール─方法論の試み』邦訳 1985・水声社）は、小説の語りと時間の構成法を分析して、先に起こったことを後に語ることを後説法（analepse），後に起きることを先に語ることを先説法（prolepse），プロットとストーリーのずれを生じさせるこれらの方法を総称して錯時法（anachronie）と呼んだ。錯時法はプロットの流れに別のお話を挿入する方法である。夏目漱石『こころ』の教材研究をおこなう際に、同作品の三部を構成する「上」「中」「下」に描かれた出来事を、通時的な年表にして整理することが行われるのは、『こころ』という小説が全体として錯時法によって叙述されていることによる。錯時法によって書かれた小説の読者は、挿入されたお話がいつのどのような出来事なのか、プロットとどのような関係にあるのかなどを読む必要にせまられる。挿入されたそれらのお話は、小説に新しい因果関係を持ち込むものとなり、プロットに導かれて読んできた読者は、それまでの読みを調整する必要が生じるからである。「桃太郎」型と「こころ」型の語りの形式の優劣を問題にしているのではない。問題は錯時法が用いられている小説のあらすじを、プロット、つまり語られた順にまとめてしまうような読み方だけでよいか、ということにある。以下、具体的な教材を取り上げて、「どのように語られているか」、「なぜそのように語るのか」を読むことに重点をおいた小説の教材研究と授業について述べていく。

2　教材研究

(1)「レキシントンの幽霊」の教材研究

　ここでは村上春樹の短編小説「レキシントンの幽霊」を教材として取り上げる。本作品の初出は「群像」1996年10月号であり、1996年にほかの短編小説とともに『レキシントンの幽霊』（文藝春秋）として刊行された（以下、本文の引用は本書による）。1999年に同じ書名で文春文庫の一冊となり、同年、高等学校「現代文」の教科書教材として登場した。その後、複数の社の「国語総

合」「現代文」における教材として採用されている。

　まずは作品の語りの形式を押さえておく。「レキシントンの幽霊」の語り手〈僕〉は，作品の冒頭で自らが滞米中に知り合った「ケイシー」との出会いから語り始める。しかしこの話の中で最も過去に起こったのは，「ケイシー」の父が妻の事故死の後，3週間死んだように眠り続けたという出来事である。この作品のストーリーは，「ケイシー」の父が眠り続けた時間（A），「ケイシー」が父の死後，父と同じように眠り続けた時間（B），「ケイシー」の屋敷で留守番中の「僕」が幽霊に遭遇した時間（C），その半年後に「僕」と「ケイシー」が再会する時間（D），そしてすべてを語り手の〈僕〉が回想して語る時間（E）と整理できる。（E）の時間がいちばん外側に位置し，ほかの時間がそれぞれ入れ籠の構造になっているといってもよい。

　語り手の〈僕〉はこれらの出来事を「E→C→D→A→B→D→E」というプロットで語るのである。「レキシントンの幽霊」ような一人称小説を読むとき，プロットの前半の幽霊の話と後半の「ケイシー」の話で，「何が語られているか」（＝内容）を押さえることはもちろん重要である。しかしこの作品の場合，そのような読み取りだけでは不十分である。なぜなら，このような読み方では，出来事のいちばん外側にいる語り手の〈僕〉が，どのような思いでこのお話を語っているか，つまり「どのように語っているか」，「なぜそのように語るのか」ということを読むことができにくいからである。

　「レキシントンの幽霊」は，「これは数年前に実際に起こったことである」（E）という一人称の〈僕〉の語りで始まり，「考えてみればかなり奇妙な話であるはずなのに，その遠さの故に，僕にはそれがちっとも奇妙に思えないのだ」（E）という〈僕〉の思いの表明で終わっている。語り手の〈僕〉は，お話の中で起こるすべての出来事をあらかじめ知ったうえで，ある思いを込めてこれらの出来事を語っている。語り手の〈僕〉と登場人物の「僕」の間にはタイムラグが生じているのである。このようなことを読むためには，語り手の〈僕〉と，その〈僕〉によって語られるお話の中の「僕」を区別することが必要となってくる。作品中の「僕」の発言のみならず，ほかの人物の発言のすべてを〈僕〉という語り手が語っているのである。このようなことを押さえることは，一人称の語りを採用している小説の読み方の基本である。

このようにプロットとストーリーの双方に着目し，それぞれの時間の流れを意識しながらエピソードの「5W1H」(いつ when，どこで where，誰が who，なにを what，なぜ why，どのように how) を読むこと，すなわち「どのように語られているか」(＝語りの形式) を読むことによって，小説の構成や場面の展開の特徴が明らかになり，小説の世界は立体化してくる。

　実際にプロットを追いながら小説を読んでみよう。第1段落（作品は合計10の段落に分けられている）で語り手の〈僕〉は「これは数年前に実際に起こったことである」と語り始める。続けて語り手は第2～5段落で，登場人物の紹介や出来事の舞台であるレキシントンの「古い屋敷」のディテールを語る。「古い屋敷」という舞台設定は，作品名「レキシントンの幽霊」を既に読んでいる読者への幽霊の出現の暗示と読むことができよう。お話のお膳立てが整ったところで，「ケイシー」からの留守番の依頼によって，「僕」は屋敷に一人で滞在することとなる。このような状況の設定が「僕」がその夜，幽霊と邂逅することの伏線である。第6段落は，出来事の核心が「僕」の内言を絡めながら語られるこの小説のサスペンスのクライマックスである。この段落の冒頭の「目が覚めたとき，空白の中にいた」という語りで，これから起きる非現実的な現象を予感させ，段落の中盤では「銀色のコインは僕に，ソリッドな現実の感覚を思い出させてくれた」や「犬はどこにも見あたらない」などの語りによって，幽霊が出現していることが叙述される。第7～8段落では，一転して出来事後の弛緩した「僕」の心情や屋敷の空気と「ケイシー」の帰宅が語られ，第9段落では，「僕」が「見違えるぐらい老け込ん」だ「ケイシー」と「半年近く」の後に再会したこと，「ケイシー」の一族が継承してきた眠りのエピソードが語られる。そして最終の第10段落において，すべての出来事を回想して「ちっとも奇妙に思えない」という語り手の〈僕〉の「数年」後の思いが語られるのである。

(2) 作品の読みのポイント

　この作品の最大の読みのポイントは，第9段落で語られる「別のかたちをとらずにはいられない」「ある種のものごと」とは，どのような「ものごと」なのかということにあるだろう。今度は，小説のストーリーに着目して，このこ

とを読んでみよう。ストーリーからは「ケイシー」の父親が愛する妻の死に際して深い眠りに陥ったこと，「ケイシー」の父親が亡くなった際に「ケイシー」自身が「血統の儀式でも継承する」ように眠り続けたこと，さらに「ジェレミー」の母親が亡くなり「ウエスト・ヴァージニアに行きっきり」になっていること，結果として「ケイシー」のために「深く眠って」くれる存在が失われていることなどを読むことができる。これらはすべて「別のかたちをとらずにはいられない」「ある種のものごと」，つまり深い愛であり，このような愛には別の人間を深く傷つけてしまうというパラドックスが抱え込まれていたのである。眠り続ける父親の傍らの「ケイシー」が，「ひとりぼっちで，世界中から見捨てられたように感じ」たことに，その典型が表れているようである。そして語り手の〈僕〉が，このような愛の問題に思い至り，「この話を誰か」，つまり作品内に仮構されている聞き手（＝作品の読者）に語るまでには「数年」にわたる時間が必要だったのである。

　「ケイシー」にとって「別のかたちをとらずにはいられない」「ある種のものごと」とは「精神的にも感情的にも深く結び付いていた」存在の喪失という痛烈な思いであった。我々はある「ものごと」を「それは～である」，「これは～である」と説明されてしまうと，その「ものごと」についての吟味を停止してしまう傾きをもっている。言語化された「ものごと」に出合うということは，「ものごと」に通じるドアの前に立ったにすぎないのに，こと足れりとして，その「ものごと」を等閑視してしまう。ここでいう言葉にならない「ものごと」とは「別のかたちをとらずにはいられない」「ものごと」のことであり，言葉になりやすい「ものごと」とは「別のかたちをとら」ない「ものごと」である。「別のかたちをとらずにはいられない」「ものごと」が「別のかたちをと」ることを可能な限り妨害し，「ものごと」に元来の「かたち」のままでいることを強要するのが，明解な説明や効率のよさを求める現代という時代のシステムである。痛烈な思いも，そうでない思いも「悲しい」と表現して満足してしまう粗雑で類型的な思念。果たして，「別のかたちをとら」ない「ものごと」は，商品として大量に生み出されては消費されてゆく。そのような「別のかたちをとらずにはいられない」「ものごと」が，高度資本主義社会，大量消費社会の典型であるアメリカ東海岸の一家族において，脈々と「継承」されて

いることの逆説性，アイロニーといったことが，本作品のテーマの一端として浮かび上がってこないだろうか。

3　学習指導の展開

（1）小説の学習指導の展開

　ここまで述べてきたことを踏まえて，「レキシントンの幽霊」の学習指導の展開を具体的に構想する。全文の通読後，まず作品のあらすじをまとめさせる作業を生徒に課してみよう。小説の授業の導入として，第1次感想を書かせる実践は多い。しかし実際に書かれる感想文は，作品のあらすじと感想（疑問点など）が未分のままであったり，混在していたりする場合が多い。そこで感想は感想として別に扱い，あらすじをしっかりと書かせてみるのである。「レキシントンの幽霊」のような一人称小説を例にすれば，生徒が作品を，語られる「僕」の物語としてだけで読んでいるのか，語り手の〈僕〉を含めて読んでいるのか，作者と語り手を同一視しているのかなど，あらすじには読み手がどのように作品を読んでいるかが表れるはずである。

　生徒に語り手と語り，プロットとストーリーいう概念を理解してもらうためには，生徒に過去の出来事を実際に語ってもらうとよいだろう。自分がどのようなトピックを選んで，どのように語るかを考えることは，プロットとストーリーを考えることと同義だからである。このような学習の課題に取り組んだ後に，さきほど書いたあらすじを各自で見直させる。このような作業を経た後に作品に「何が語られているか」だけでなく「どのように語られているか」を読んでいく。まず小説の構成や展開の特徴を調べるために，「僕」「ケイシー」「ジェレミー」「ケイシーの父」という登場人物の設定を押さえ，そのうえで小説のプロットとストーリーという2つの時間の流れに注意しながら，ストーリーをノートに表にして整序する。これらは作品全体から情報を集めて，登場人物や出来事を大枠でとらえる演繹的な読みの学習課題である。

　続けて，小説の表現に着目する帰納的なアプローチによって作品の細部を読んでいく。プロットの中盤で，語り手は「あれは幽霊なんだ」と語っている。幽霊のこの登場をどう読めばよいだろうか。小説は読み方によって，異なった

世界が現れてくる。この小説を怪談話と読めば，その夜に幽霊が実際に現れたことの説明がつく。近代のリアリズムで読めば，すべては「僕」の見た夢だったということになる。そして非リアリズムで読めば，説明のつかない奇妙な話ということになる。語り手の〈僕〉は，この小説の物語内の「僕」と違って，このお話の奥に隠れていた愛の問題をすでに把握して語っているのである。このことと「これは数年前に実際に起こったことである」という作品の冒頭，そして「考えてみればかなり奇妙な話であるはずなのに，おそらくはその遠さの故に，僕はそれがちっとも奇妙に思えないのだ」という作品の末尾を踏まえる。「奇妙な話」，つまり幽霊の出現が「奇妙に思えない」のだから，語り手の〈僕〉にとって，「ケイシー」の一族をめぐる愛の問題を作品内の聞き手に語るために，幽霊の出現が必要であった，ということが読めてこないだろうか。

　小説を読むことは，虚構の人物や出来事に遭遇して，日常から遊離する体験である。たとえ非現実的なエピソードがそこで語られていたとしても，優れた小説には人間の問題の真実が描かれていたり，現実を逆照射したりする力がある。日常生活において見慣れたものごとを，「見慣れないものごと」として描く小説の技法をV. シクロフスキーは「異化」（「手法としての芸術」1917年）作用と呼んだ。このような「異化」作用の働きによって，虚構の世界を通り抜けた読者は，小説を読む前とは違った視点で身の回りを見直すことが可能となるのである。そして小説の授業は，日常の読書行為とは異なり，初読，再読，再々読という過程を集団でたどる読み方の学習の場である。教室での学習が進むにつれて，初読の段階の読みが深まっていくという体験が，小説に表れている書き手のものの見方や考え方をとらえ，学習者が自分のものの見方や考え方を広くすることの礎となるのである。

*1　ヴィクトル シクロフスキー『散文の理論』せりか書房，1971年

(2) 本時案　第2／4時間目（プロットを読む）

時間	学習内容	学習活動	☆評価　※留意点
5分	本時のめあて（右記）を確認する。	○「なにが語られているか」だけでなく、「どのように語られているか」を読むこと。	☆本時のめあてを理解できている。
20分	あらすじを書く。	○作品のあらすじを書く。	※400字程度の字数とする。☆目的に応じて文章を読んだり、書いたりすることができている。
10分	語りという概念を理解する。	○語りと語り手の働きを作品に即して理解する。	※自分の過去を語らせる。☆左記の事項を理解できている。
20分	ストーリーを読む。	○プロットとストーリーの違いを理解する。○ストーリーの展開にそって、作品内の出来事を表にして整理する。○自分が書いたあらすじを読み直す。	※ノートに表をつくらせる。☆作品から必要な情報を集めて、ストーリーを整理することができている。※自分のあらすじが、どのような書かれ方をしているかに注意させる。
5分	プロットについて考える。	○プロットを再確認し、「どのように語られているか」を押さえる。	☆作品の構成や場面の展開の特徴を読み取って、整理することができている。

（佐野正俊）

第二節
詩歌　中学校

1　概説

(1) 美的に意味づける言葉の力を

　詩歌は言葉の芸術である。人間・社会・自然等，詠いあげる対象の中に人間の真実が，鋭敏な言語感覚，効果的な言葉，様々な虚構の方法で，個性的かつ美的に表現されている。飯田蛇笏の名句に「をりとりてはらりとおもきすすきかな」[*1]がある。「すすきそのものの重さが折り取った瞬間，手に移ってくる感触」をこえて「はらりと」「おもき」という異質矛盾する認識表現の中に，「すすきの命に触れた人間の心の真実が見事に表現されている」。「〈はらりとおもき〉は自然と人間の命のふれあい，感合，つまり〈真〉を表現し」，「同時に，その表現のありようが文芸としての〈美〉」となっている。

　三好達治の俳句に「街頭の風を売るなり風車」[*2]がある。「なるほど，おもしろい」と共感できる。この句は[*3]，風車が風で回っているという現実を超えて，逆転の発想でとらえられ，現実と非現実の異質・異次元の矛盾を止揚・統合させたところに成立する虚構世界であり，その構造に味わい深い〈美〉がある。

　詩歌の教材化に当たって，単なる事実の読み解きや，作者の意図論や朗読に終始せず，対象を美的に意味付け，人間の真実を詠いあげる作者の芸術創造，言葉によるものの見方・考え方をこそ学ばせることが，国語科教育の目的，目標に合致する。創造のプロセスを，「誰が何をなぜどう見て，語っているのか」という表現の本質を踏まえ，言葉と言葉，形象と形象を相関的にとらえ，イメージと意味を浮き彫りにする読みの指導の中でこそ，言語感覚が育ち，日本語の美しさを体感し，現実を意味付け，主体を確立する言葉の力が育つ。

---

*1　西郷竹彦『西郷竹彦 文芸・教育全集18　文芸学講座ｖ虚構・美・真実』恒文社，1998年
*2　西郷竹彦『名句の美学 下』黎明書房，1991年
*3　西郷竹彦『西郷竹彦文芸・教育全集6　美と真実の教育』恒文社，1996年

2 教材分析

(1) 分析とねらいと視点

　教材分析は，生徒の実態と学年の国語科課題との関連で，教材を使って，生徒にどのような言葉の力（人間や世界を意味付ける）を，どのように育てるかという授業構想を念頭におこなう。

　まず作品世界の視点と対象の関係を明らかにし，その視点人物の目と心で描かれる対象について，言葉と言葉，形象と形象の関係を考え，展開にそってイメージ化していく。そして詩の構成，表現の特色，構造（美）分析をおこない，総合的に学ばせるべき，詩人の見方・考え方や方法の検討をおこなう。作品世界を味わいつつ，そこで意味付けられた内容と，その方法（虚構）に焦点化し，実態との関連で授業目標の〈ねらい〉と，授業課題の〈めあて〉を引き出すところに教材分析のねらいがある。

　次に，「詩的空間を主知的に構成」する近代詩の方法と「伝統詩の美意識を融合させ，洗練された日本語の美しさ」を生み出した詩人三好達治の，よく教材化される詩「大阿蘇」を例に，その教材分析及び授業展開例を述べよう。[*4]

　　　大阿蘇
　　　　　　　　　三好達治
　　雨の中に馬がたつてゐる
　　一頭二頭仔馬をまじへた馬の群れが，雨の中にたつてゐる
　　雨は蕭々と降つてゐる
　　馬は草をたべてゐる
　　尻尾も背中も 鬣(たてがみ) も　ぐつしよりと濡れそぼつて
　　彼らは草をたべてゐる
　　草をたべてゐる
　　あるものはまた草もたべずに　きよとんとしてうなじを垂れてたつてゐる
　　雨は降つてゐる　蕭々と降つてゐる
　　山は煙をあげてゐる

---

*4　桑原啓善編著『日本の詩史』星雲社，1993年／大岡信編『集成・昭和の詩』小学館，1995年

中嶽の頂きから　うすら黄ろい　重つ苦しい噴煙が濛々とあがつてゐる
空いちめんの雨雲と
やがてそれはけぢめもなしにつづいてゐる
馬は草をたべてゐる
艸千里浜のとある丘の
雨に洗はれた青草を　彼らはいつしんにたべてゐる
たべてゐる
彼らはそこにみんな静かにたつてゐる
ぐつしよりと雨に濡れて　いつまでもひとつところに　彼らは静かに集まつてゐる
もしも百年が　この一瞬の間にたつたとしても　何の不思議もないだらう
雨が降つてゐる　雨が降つてゐる
雨は蕭々と降つてゐる[*5]

（２）教材の特性──「大阿蘇」（三好達治）を例に

視点と対象の関係

　詩歌の世界も「視点（語り手）」と「対象」の関係把握が読みの基本である。達治の詩「祖母」は，〈孫〉の〈わたし〉が語り手で，対象は〈孫〉の語る〈祖母〉である。工藤直子の詩集『のはらうた』の語り手は，野原の住人たちで，草野心平の「春の歌」は〈かえる〉である。「大阿蘇」は，対象を「馬」に焦点化し，蕭々と雨降る艸千里浜の情景の背後に，無窮に広がる大自然を見つめる「抒情的主人公」の語り手（視点人物）が設定されている[*6]。この人物の目と心で，対象世界を切実に体験することが分析の第一歩である。

視線の移動と構成

　語り手の視線は，部分と全体，アップとロングの遠近法でとらえながら，悠久の大自然の全体像を描きだす。その語り手の視線の動きとともに，作者の構成も見えてくる。雨の中の「馬の群れ」の近景，遠景の「中嶽の噴煙，〜雨雲」，そして「集まってくる馬，雨」への回帰。その情景への語り手の意味的

[*5]　谷川俊太郎編『三好達治詩集』（世界の詩 26）彌生書房，1965 年
[*6]　西郷竹彦監修　文芸研編『詩の授業　中学校』明治図書出版，1981 年「大阿蘇の授業」福本雄一実践

心情。最後に天地全体を茫漠と包む雨の「蕭々」たる大阿蘇の全景。
　読者は，その視線に導かれて天と地とその地平に立って呼吸し，その世界にふれる人間の真実を有機的に統合された「大阿蘇」の世界として体験できる。
文体・表現の特色
　一般的に「反復」は対比の方法とともに，テーマ強調の基本的な表現の方法であり，ものごとの本質を見る認識の方法でもある。したがって，そこに着眼して分析することで，作品世界が見えてくる。
　「大阿蘇」では，文末の「馬がたつてゐる」「たべてゐる」「降つてゐる」の反復が，この詩の表現の特質であることがわかる。「馬」「雨」「草」の漢字表記が全編に散りばめられ，その情景が微妙に変化発展をしながら，絵画的世界のイメージをつくりだす。文末に見る現在形の反復表現も，臨場感を感じさせるとともに，現在を超えて未来へと続く悠久の大阿蘇の様を見事に表す。
　それと相まって句読点が一つもないことも，切れ目なく雨の降り続く茫漠たる情景の静寂感，悠久感を形象化している。また，〈中嶽の濛々たる噴煙〉の阿蘇山の描写を中間に挟みこみ，その前後に艸千里浜の情景を語る詩形の視覚的形象化や，さらには歴史的仮名遣い，漢語や平仮名の声喩，「草」ではなく「艸」の文字選択など，有機的総合的に関連しつつ，主題を構築している。[7]
美の構造
　個別・個性的自由かつ拡散的な前半の馬の群れ，後半の集団的統一的求心的なそれ，俗なる「馬」と大自然と一体的に生きる生命体としての「彼ら」。描写に見る地・天・地の構成。色彩的対比，一瞬と永遠，静寂感と語り手の見る力動的世界。これらの「異質異次元の矛盾を一つに止揚・統合する弁証法的構造」が，「大阿蘇」の世界を意味付けている。そこにこの詩の味わい〈美〉がある。[8]

---

*7　西郷竹彦『名詩の美学』黎明書房，1993年／西郷竹彦『西郷竹彦文芸・教育全集 34　宮沢賢治の世界』恒文社，1998年
*8　西郷竹彦『名詩の美学』黎明書房，1993年

3 学習指導の展開（例）

（1）指導目標

① 構成や展開，描写等の表現の特色がどのような詩の世界を生み出しているか，詩人の意味付けの方法を学ぶ。
② 視点と対象の関係を踏まえて，即物的・絵画的形象をまざまざと表象化し，大自然の悠久感と静寂感を読み味わう。
③ 異質矛盾するイメージを統合して，美の世界を創造する見方・考え方を学び，自己のものの見方・考え方を深める。
④ 朗読を通して詩情をより一層深め，言語感覚を磨き，日本語の美しさを体感する。

（2）指導計画（5時間）

1　導入（だんどり）の段階　　1時間
　○三好達治とはどのような詩人か
　○題名を提示（題名読み）―課題をもつ
　○「大阿蘇」を読む（範読，指名読み，個別読み）
　○感想を書き，話し合う（授業の方向づけ）
2　展開（たしかめ読み）の段階　　2時間
　○視点と対象の関係を踏まえ，「大阿蘇」の世界を表象化する（1時間）
　○一つの中に，相反する二つを同時に見る見方・考え方を学ぶ（1時間）
3　整理・発展（まとめ）　　2時間
　○　朗読を通して味わいを深め，それぞれの感じ方を交流する（1時間）
　○　「祖母」「雪」等の好きな詩を選び，達治の美的世界を広げる（1時間）

（3）本時の指導（第3／5時間目）[*9]

1）目標　一つのものの中に，相反する二つの異質矛盾するものを統合する見方・考え方・表し方がわかる。

---

*9　西郷竹彦監修　文芸研編『詩の授業 中学校』明治図書出版，1998年　石野訓利実践／『西郷竹彦文芸・教育全集5』前掲書　西郷実践。以下本時案の学習の〈めあて〉は上記記録を参考に作成する。

2）本時案

時間	学習内容	学習活動	☆評価　※留意点
7分 導入	1.「大阿蘇」を読み，本時の〈めあて〉をつかむ。	○「大阿蘇」の静寂感，悠久感，茫漠感を想起して一人読み，一斉読みをする。対比的なイメージ表現を発表する。 前後半の馬のイメージを比べよう	☆情景と，その変化に注意して読んでいる。 ※初発の感想を取り上げて紹介する。
35分 展開	2.調べる。 3.発表する。 ①前後半の「馬」の描写について ②前半の「馬」と後半の「彼ら」について 4.深める。	○　前後半の馬の形象に線を引き，違いを考える。（個人・班） 馬のイメージ・形象の違い 　前　別々，違う：個別的・拡散的 　後　一つところ：集団的・求心的 ○　どう違うのか。 ・別の馬説，同じ馬説，グループで意見を交流し合う。 ○「馬」と「彼ら」の呼称からイメージの違いについて考え，話し合う。 ○なぜ違うのか，誰の，どんな見方かを考える。（個人・集団） ○どのような意味をもつか，考えをもって話し合う。	☆情景と呼称の表記に気づいている。 ☆馬の描写部分に焦点化している。 ※イメージの違いについて，交流させたあと，一般化・概念化する。 ☆一瞬即百年に着目して考えている。 ※根拠・理由付けして意見を伝え合う。 ※必ず，自己の考えをもたせてから交流させる。 ☆同じ馬の中に違う姿を同時に見ていることに気づいている。 ※個々の意味付けを大事にする。
8分 整理	5.まとめをする。 6.次回予告。	○①②を発展させ，ほかの対比的表現含めて異質矛盾する構造・見方についてまとめ，自分たちの見方と比べる。 ○感想を書き，交流する。（次時の扱い） ○全員音読。	☆作者の表現に，一つの中に矛盾する二つを同時に見る見方・考え方があることをとらえ，作品の読みを深めている。 ※日常の自己の見方と比べて書く。 ☆読みの深まりが見られる。

(加藤憲一)

第二節
詩歌　高等学校

1　概説

　詩歌教材の扱いを苦手とする教師は多い。「ひたすら解釈していくばかりで，なかなか詩歌の魅力や意義を生徒に伝えられない」「解釈可能性の幅が非常に大きく，教材研究が難しい」「生徒に『理解できた』という実感を与えられる自信がない」等々の理由によるものと思われる。だが，実は読みにくさ／教えにくさこそが詩教材の生命なのであり，作品に仕掛けられた様々な謎や空白は，授業の方法次第で，学習者の関心を呼び起こし，授業の活性化につなげることができる。また詩歌教材は，学習者に対し，言葉がつくり出すイメージとリズムの多様さ，さらには，意味が生成されると同時に解体されていくという韻文ならではの経験をもたらすことができる。日常の言葉とは異質な文学言語の機能に，もっとも直接的に触れることを可能にするのが，詩教材の学びの場だといえるのだ。

　同時に，詩的な表現は学習者にとって身近な存在でもある。J-POPや洋楽の歌詞，広告のキャッチコピー，キャッチフレーズの類は我々の周囲にあふれている。また，短歌・俳句という短詩型の形式は，我々がもっとも抵抗なく創作に取り組むことのできる数少ない文学ジャンルでもある。すなわち詩歌は，文学言語の技法の最先端に位置しているとともに，読者にとってはきわめて日常的で卑近な表現の形態でもあるのだ。萩原朔太郎や高村光太郎，正岡子規や与謝野晶子といった文学史上著名な詩人・歌人たちの作品と，現代における歌詞やコピーの表現は，何らかの連続性・共通性を備えているはずなのである。詩歌に対する生徒たちの身構えを解きほぐすためには，こうしたジャンルの特性を生かすことも必要だろう。

2　教材研究

　具体例として，高村光太郎「レモン哀歌」を用いる。現在は中学校での扱いが中心だが，高校レベルでないと読解が困難な部分を多く含む教材である。

（1）作品の背景

　テクスト理論の立場にたつ場合，作品の背景や作者に関する情報を黙殺しなければならないと誤解している者がいまだに多いが，「テクストとは……引用の織物である」（R.バルト）ことを前提とするなら，作品を社会的・歴史的文脈に布置するための様々な情報を収集することは，むしろ必須となる。「レモン哀歌」に関しては，『智恵子抄』全体についての知見はもとより，二人の恋愛と結婚，智恵子の統合失調症発症の経緯，後の光太郎が戦争協力詩へとのめり込んでいったこと……などの情報を，当然知悉（ちしつ）しておかなければならない。それらの情報をどう活用するかは，授業者が判断することとなる。

（2）表現の技法

　詩の表現技法の代表的なものとしては，比喩，擬人法，対句，反復，倒置，オノマトペ，押韻，文字表記の工夫（タイポグラフィやレイアウト等含む）などが挙げられる。「レモン哀歌」はこれらの技法が多く使用されている作品ではないが，「がりりと嚙んだ」「ぱっと……正常にした」と，臨終間際の智恵子が一瞬の生命感を呼び覚ます印象的な場面でオノマトペが用いられている。また，咽喉の「嵐」，「機関」が止まる，という比喩（隠喩）は，死にゆく肉体を無機物を用いて表現することにより，死の生々しさを回避する効果をもつ。

（3）イメージ

　詩語の連なりにより，映像的（視覚的）なイメージ，聴覚的なイメージ，触覚的なイメージなどが生成されていくのが，詩歌ジャンルの独自性の一つである。「レモン哀歌」の場合，「レモン」の黄色，「白いあかるい」床，「トパアズいろ」「青く澄んだ眼」「桜」といった色彩を表わす語の連鎖が，智恵子の病と死を浄化し，二人の愛に聖性を付与する役割を果たしている。「嚙んだ」「笑う」「手を握る」「深呼吸」といった，身体をイメージさせる語の運用にも注意。

（4）意味・物語性

　意味（内容）と表現技法は一つの詩において表裏をなすが，そのいずれに重

きがおかれるかは個々の作品によって異なる。「レモン哀歌」は，意味（内容）の側により重点がおかれた作品であり，かなり明確な物語性が備えられている。それは，智恵子がレモンを受け取る→一瞬の生命力の発現→作者が智恵子の愛を感受→最後の別れ→現在時間への回帰，という展開をなす。回想形式が使用されており，すでに智恵子は記憶の中の存在となっていることに注意（最終二行からは，介護を終えた作者の安堵感すら読み取れるかもしれない）。

（5）思想

　授業者が，作品読解のために有効な文脈を導入することにより，一編の詩から，思想や世界観といった大きなテーマまでも読み取ることが可能となる。吉本隆明『高村光太郎』(1957)，黒澤亜里子『女の首——逆光の「智恵子抄」』(1985)などの論考によって，『智恵子抄』は，光太郎が智恵子との愛を意図的に神話化した詩集であることが明らかにされた。智恵子の病状を伝える友人宛の書簡（中原綾子宛書簡など）や親族の回想記（光太郎の弟・豊周の『光太郎回想』日本図書センター（2000年）など）を視野に入れるなら，「レモン哀歌」に対する学習者たちの読みは大きく揺らぐと思われる。『智恵子抄』の世界を創作した光太郎について，吉本は「高村の内的な世界のぞっとするような交感反応」「この詩人の巨大な『ばけもの』がうごめいている」と語り，黒澤は「（『智恵子抄』の）怖ろしさはおそらく，この詩集が内部に閉じ込めている『近代』の夢の全質量に見合う」と語った。両者が，はからずも「ばけもの」「怖ろしさ」という似通った言葉で述べた，奇怪ともいえる光太郎の創作態度について考えることが，「レモン哀歌」ひいては『智恵子抄』それ自体の思想に接近することにつながるだろう。

（6）他作品との比較

　他作品と比較することによって，様々な表現に触れられると同時に，作品の独自性も明らかとなる。愛する人との死別を語った詩，例えば宮沢賢治「永訣の朝」などは格好の対象となる。J-POPまで広げるなら，Cocco「星の生まれる日。」なども可能（「学習指導の展開」参照）。

3 学習指導の展開

（1）教材名　「レモン哀歌」高村光太郎

（2）学習目標

①作者と智恵子の経歴、並びに作品が創作された背景について理解し、「レモン哀歌」及び『智恵子抄』に対して関心をもつ。
②作品で語られている出来事とその展開を読み取り、内容と構成について理解する。
③作品で使用されている表現技法（擬人法、オノマトペ、色彩や身体をイメージさせる語の多用など）について理解し、作者の表現上の方略をとらえる。
④作品から読み取ることができる作者の思想について、資料を参考にしながら話し合い、理解を深める。

（3）教材について

　「レモン哀歌」は、近代詩史上有数の詩集である『智恵子抄』中にあって、代表作の一つと評価されている。しかし、かつて稀有な相聞の詩集と見なされていた『智恵子抄』が、実は作者の徹底した虚構化・神話化の意志に基づいて創作された恋愛詩集であることは現在ほとんど常識であり、そこで表現されている「愛」は、支配と抑圧の別名にすぎないとして批判の対象にもなっている。その一方で、統合失調症の妻を介護しつづけたという事実の重さもある。こうした複雑な事情を視野に入れることなしに、『智恵子抄』所収の詩を読み解くことはできない。「レモン哀歌」も同様であり、最愛の人との美しく純化された別離を謳った詩、などという読み方に終始したなら、詩の字面の意味しかとらえ得ない幼稚な解釈と見なされてしまう。

　作者の実人生を復元し、読解のための情報に導入することがどの程度可能か、議論の余地はあるだろうが、『智恵子抄』の成り立ちの特質、そして高校生という発達段階を踏まえるなら、学習者の読みの振幅を広げるための文脈を十分整理し、浅薄な読みに陥らないための努力をすべきだろう。表現技法などを含めた基礎的な読解を固め終えたら、『智恵子抄』所収のほかの詩作品、智恵子

の病状を伝える資料（書簡，回想記など。これらの扱いについては，人権の問題がかかわるので十分注意しなければならない），代表的な研究文献などをサブテクストとして用意し，更なる読みの拡大を図るべきである。

　共通する内容をもつ他作品との比較も有効である。すぐに思い浮かぶのは宮沢賢治「永訣の朝」であろう。病者が欲する，「レモン」と「さっぱりした雪のひとわん」の対照，作者の心情の違い，智恵子ととし子の語られ方，時制の違い……など，様々な観点からの比較読みが可能だろう。やはり恋人との死別を歌った，Cocco「星の生まれる日。」を挙げてもいい。かなり難解な歌詞であるが，愛とは呪縛であり，死とは解放であることを語っている点において，「レモン哀歌」「永訣の朝」との対照性を読み取ることができるだろう。

（4）指導計画（3時間）

〔第1時〕
・「レモン哀歌」を読み，内容について自己の感想をまとめる。
・『智恵子抄』所収の他作品について知る。
・『智恵子抄』の背景について，文学史教科書程度の情報を得（ヴィジュアルな資料可），「レモン哀歌」が二人の死別を表現した詩であることを知る。
・簡単な背景を知ることにより，自分の読みがどう変わったかを認識する。
・詩の表現技法（比喩，オノマトペ，色彩語の使用など）をとらえ，それが詩の内容にどのような効果をもたらしているのかを読み取る。

〔第2時〕
・サブテクストとして，智恵子の病状を伝える光太郎の書簡，回想記を読み，創作の背後に何があったのかを知る。
・光太郎の実生活と作品との関係（距離）について，自分の考えをまとめる。
・光太郎の創作態度について個々に意見を述べ，話し合いをおこなう（話し合いのテーマをわかりやすくするために，背景を知ったうえで「レモン哀歌」の清浄な世界を肯定できるか⇔批判すべきか，に分かれて討議するのもよい）。

〔第3時〕（本時案を参照）
・他作品との比較をおこない，「レモン哀歌」の独自性を明らかにする。

（5）本時案（第3／3時間目）

時間	学習内容	学習活動	☆評価　※留意点
導入 （2分）	1．本時の学習内容を確認する。	○「レモン哀歌」と共通するテーマをもつ詩を題材とし、それぞれの特質を明らかにしていくことを確認する。	※「永訣の朝」は、あらかじめ配付して読ませておいてもいい。
展開 （35分）	2．宮沢賢治「永訣の朝」を読み、「レモン哀歌」との比較をおこなう。	○「永訣の朝」の背景（作者賢治と妹とし子の関係）についての知識を得る。資料を読み、教師からの説明を受ける。 ○「レモン哀歌」と「永訣の朝」との共通性と違いについて考える。 ・病者に与えられた、「レモン」／「さっぱりした雪のひとわん」のイメージや詩の中での機能について ・智恵子ととし子のイメージについて ・作者の心情について ・時制（現在形と回想形）について	※資料を配付する。 ☆最愛の妹の死に直面した現実の体験を踏まえていることに注意している。 ☆共通性あるいは違いを読み取る際、本文中の根拠を明確にしている。 ※読み取った共通性あるいは違いに対して、自分なりの感想をもっている。 ※比較する観点を明確にし、ただ漠然と比べて印象を述べる、ということのないようにする。ワークシートまたはノートを使用。
	3．Cocco「星の生まれる日。」を読み、「レモン哀歌」「永訣の朝」との違いについて考える。	○「レモン哀歌」と「永訣の朝」と「星の生まれる日。」とで、愛する相手との別れを語る作者の心情が、どのように異なっているかを考える。 ・「縛った手を離してあげましょう」「わたしを忘れてしまえばいい」などの語に着目する。	☆違いについて読み取る際、本文中の根拠を明確にしている。 ※Cocco「星の生まれる日。」はCDで聴かせる。 ※かなり難解な歌詞なので、解釈に関しては、必要に応じて教師が助言すること。
まとめ （13分）	4．「レモン哀歌」の特質についてまとめる。	○他作品と比較して明らかとなった「レモン哀歌」の特質をまとめる。 ○時間に余裕があれば、三つの詩のうち、自分がどれを高く評価するかについて、理由を付して説明する。	☆自分のここまでの読みを総合して述べている。 ※ワークシート（ノート）にまとめさせ、それを発表させて全員で共有する。

（千田洋幸）

第三節
説明・論説・評論　中学校

1　概説

　新しい学習指導要領において、「C　読むこと」の枠組みが大きく変わった。そうした中で新設されたものに、「自分の考えの形成」に関するものがある。この枠組みは、二つの系列で構成されている。その一つ目の系列は、文章に表れているものの見方や考え方について自分の考えをもつことに関するものである。これは従前の「主題や要旨と意見」「ものの見方や考え方」を中心に再構成されたものである。もう一つの系列は、文章の構成や展開、表現の仕方等の文章の形式について自分の考えをもつことに関するものである。文章の形式に関して自分の考えをもつといった指導事項はこれまでになかったものである。

　このような指導事項が設定された背景には、PISA調査の「読解力」における日本の生徒の問題点が挙げられる。それは「テキストの表現の仕方に着目する問題」「テキストを評価しながら読むことを必要とする問題」「テキストに基づいて自分の考えや理由を述べる問題」「テキストから読み取ったことを再構成する問題」「科学的な文章を読んだり、図やグラフをみて答える問題」に課題がみられるということであった。

　こうした課題に対応するために、文部科学省は『読解力向上に関する指導資料〜PISA調査（読解力）の結果分析と改善の方向〜』[*1]等を示すなど、PISA調査にかかわる「読解力」の育成を図ってきた。そのプロセスで、日本の生徒の学習状況に適合した形としてPISA型「読解力」という言い方が定着してきた。そして平成20年の学習指導要領にも、先に述べたような形で反映されるようになってきたのである。

　そうしたことを受けて、平成24年度の教科書には、「自分の考えの形成」の指導事項にかかわる読む力を身に付けさせるための新しい教材が採用されるようになった。その一つが今回取り上げる第2学年の「恥ずかしい話」（『新しい

---

*1　文部科学省『読解力向上に関する指導資料〜PISA調査（読解力）の結果分析と改善の方向〜』2005年

国語２』東京書籍）である。

2　教材研究
（1）教材の要旨

　この教材は，「恥ずかしい」という感情について解き明かしていくものとなっている。論証の流れとして，まず「恥ずかしい」というのは，どのような感情であるのかということを，具体的な場面の一つとして失敗した場合から考えている。次に失敗しなくても恥ずかしいと思う場面を，似た感情の「照れくさい」と比較して論じている。そして「恥ずかしいとは，こんなふうに，目立っている・注目されているという意識と，しかし，それは周囲から共感をもって受け入れられてはいないという意識が合わさって生じる感情にほかならない」という筆者としての一応の結論をまとめている。

（2）教材のねらい

　この教材の学習のねらいとして，教科書には次の３点が示されている。

> ・抽象的な語句に注意して読む。
> ・筆者の論の進め方の工夫をとらえる。
> ・筆者の考え方について，知識や体験と関連付けて自分の考えをもつ。

　この中で注目したいのは三つ目の学習のねらいで，「Ｃ　読むこと」の指導事項の「エ　文章に表れているものの見方や考え方について，知識や体験と関連付けて自分の考えをもつこと」に対応している。筆者の考え方に対して，自分の知識や体験をもとに考えさせることにより，クリティカルに読む力を育てていくものとなっている。クリティカルに読む力は，PISA調査の「読解力」との関連でも，日本の生徒にとって身に付けさせたい言葉の力になっており，指導者は意識して指導をしていくようにしたい言葉の力である。
　さらに，この教材では，二つ目に，「筆者の論の進め方の工夫をとらえる」ことが挙げられている。指導事項の「ウ　文章の構成や展開，表現の仕方につ

いて，根拠を明確にして自分の考えをまとめること」と関連させて指導をすることで，ここではどのように論証が述べられているかを分析・判断する学習をおこなうものとなっている。

　この単元では，二つの学習のめあてをセットにして授業を組み立てる。筆者の考え方について，読み手が自分なりに考えながら読むために，筆者は論の進め方を工夫している。そうした筆者の論証の仕方を解き明かすことにより，内容と形式の両面からクリティカルに読む力を身に付けていきたい。

（3）教材の特色

　この教材のいちばんの特色は，この教材の学習のねらいである筆者の考え方について自分の考えをもつために，生徒が自分の知識や体験と関連付けて，クリティカルに読むことの学習が無理なくできるようになっているところにある。そのため次のような工夫がなされている。

・「しかしだいじなことは，それを受けてあなた自身がどう考えるか，である」（P.125），「さて，こんな私の考え方に対して，あなたはどう考えるだろうか。……。人は，どういうときに恥ずかしいと感じるのだと，あなたは考えますか」（P.130）等からわかるように，読み手である生徒たちを強く意識している。特に生徒が筆者の考えに対して，疑問をもったり説明しきれていないようなもどかしさを感じたりするような部分があえて残されている。そのため生徒は自分なりの考えをもてるようになっている。

・「恥ずかしい」という誰もが経験したことのある感情を対象としているだけでなく，授業で指されて答えられなかったこと，人前でおなかがグーと鳴ったときのこと，みんなの前で褒められたときのこと等，生徒の誰もが経験したことのある具体例をとりあげている。生徒の生活の中から題材を拾っているので，自分の体験と結び付けて考えやすいものとなっている。

・「こういう問題を考えてみるとき，大切なことは，なるべく具体的に考えてみることだ」（P.125）をはじめとして，筆者は読み手の生徒たちに，論証の仕方について筋道を示している。ここで示した考え方の筋道において，示されている根拠を吟味することの重要性が生徒に伝わるものになっている。

3　学習指導の展開

（1）単元の指導計画

　　ここでは「論証の吟味」という単元を設定し，教材「恥ずかしい話」をもとに指導計画を立てることにする。先にも述べたが，この教材は，平成20年改訂の学習指導要領に基づき編集された平成24年度版の教科書に採用されたものである。これまでは，クリティカルに読む力を身に付けるためには，「自分の考えの形成」にかかわる指導事項を学習することが想定されていない教科書の説明的な文章や，教科書以外の文章をもとに授業をおこなってきた。しかし，この「恥ずかしい話」という教材は，まさに「自分の考えの形成」に関する学習を通してクリティカルに読む力を育成するものとなっている。そのため，ここでは教科書の学習の手引きを中心として読むことの指導計画をつくっていく。その際に言語活動例の「イ　説明や評論などの文章を読み，内容や表現の仕方について自分の考えを述べること」を踏まえて授業を構想していきたい。

（2）主たる学習活動に関する単元の指導計画例

　〈1時間目〉……文章の内容の大まかな理解
　　①文章全体を読み大まかに内容を理解する。
　　②漢字・語句について確認する。
　〈2・3時間目〉……筆者の考え方の検討　※本時は3時間目
　　③文章の構成を理解し，論証の過程について考える。
　　④「恥ずかしい」という感情について話し合う。
　　⑤論証について納得できない部分について検討する。
　〈4・5時間目〉……筆者の論の進め方の検討
　　⑥筆者の考えの進め方の工夫をとらえ，それについて話し合う。
　〈6時間目〉……論証についての考えのまとめ
　　⑦論証について検討したことをまとめて書く。
　　⑧書いたものを交流し，論証の仕方について考える。

（3）本時案　第3時間目／6時間目中

時間	学習内容	学習活動	☆評価　※留意点
3分	・本時のめあての確認。	○「恥ずかしさに関する筆者の考え方について検討する」という本時のめあてを確認する。	
10分	・「恥ずかしい」ということについての話し合い。	○筆者の考えを検討する前に，まず自分たちの「恥ずかしい」経験についてグループで話し合う。	※自分たちの考えと筆者の考えとを比較しながら読むことができるようにする。
25分	・「恥ずかしい」に対する筆者の考え方の検討。	○筆者の論証の納得できない部分を，次の点を参考にノートにまとめる。 ・筆者の考え方では説明できない「恥ずかしい」体験はないか考える。 ・文章にそって筆者の考え方について一つ一つ取り上げていく。 ・「恥ずかしい」という辞書の意味と筆者の考えは共通しているのか比較してみる。 ○納得できない部分についてグループで話し合う。	※教科書の「言葉の力　論証を吟味する」を読み，論証を吟味するためのポイントを押さえる。 ※なかなか納得できない部分が探せない生徒には，先の話し合いや，具体的な部分をあげて考えさせる。 ☆筆者の論証の納得できない部分について，自分の考えをまとめている。
10分	・「恥ずかしい」に対する筆者の考え方に対しての意見の交流	○グループで出てきた意見を全体で交流する。	☆筆者の論証の納得できない部分について，ほかの意見を参考にしながら，自分の考えを整理している。
2分	・本時のまとめ	○本時の振り返りを書く。	※振り返りを，次時に生かす。

（4）本時（3時間目）の展開に関して

　本時では，まず筆者の考え方を検討する視点を生徒にもたせるために，「恥ずかしい」経験の掘り起こしをおこなう。それによって自分たちの経験と筆者の考え方を比較して読めるので，筆者の考え方に納得できない部分を検討しやすくなる。自分たちの経験が筆者の考え方に納得できないことの根拠となるのである。

＊2　文部科学省『言語活動の充実に関する指導事例集〜思考力，判断力，表現力等の育成に向けて【中学校版】』（2011年）で事実等を正確に取り出すための視点をもたせることを重視している。

ところで，この教材には「筆者の考え方について，知識や体験と関連付けて自分の考えをもつ」という学習のねらいがあるが，筆者の考え方に納得できる部分よりも納得できない部分を探していくことを中心に学習を進めていく。あえて否定したり反論させたりすることは適切ではないという考え方もあるが，何でも受け入れるだけでは，クリティカルに読む力は身に付かない。これはクリティカルに読む力を身に付けるための最初の段階であり，指導者自身もこうした読み方を意識していくことが，次の段階の指導につながっていく。

（5）自分の考えをまとめること

　「自分の考えをもつ」という指導事項では，考えたことを表現していくことが大事な学習となる。3時間目でも，自分の考えたことをノートに書き，さらにグループで話し合いをしているので，十分指導事項に関しての学習は成立しているが，さらにこの単元では，筆者の「恥ずかしい」についての考え方や論の進め方の工夫など，論証について検討したことをまとめて書く学習もおこなうようにする。単元名になっている論証の吟味ということについて，生徒に考えてほしいからである。
　このように単元のまとめとして，学習したことについてもう一度振り返って書くことは，生徒にとって学習したことを深く理解できるようになるだけでなく，どのような言葉の力を身に付けたのかの自己評価をすることでもある。

（岩間正則）

第三節
説明・論説・評論　高等学校

1　概説

(1)〈説明・論説・評論〉の読み方

　従来, 小説や物語といった「文学的文章」においてはコンテクスト（文脈）が優先されるのに対して,「説明的文章」の方はコード（規則・文法）から逸脱することなく, テクストの意味を正確（的確）に受容することが求められてきた。さらに,〈説明・論説〉は書かれている「事実」を復元し,〈評論〉は筆者独自の「意見」を読むというように下位分類されている。この分類は, 小学校・中学校学習指導要領の言語観に由来すると言えるだろう。

　　［第5学年及び第6学年］「B　書くこと」
　(1)ウ　事実と感想, 意見などとを区別するとともに, 目的や意図に応じて
　　　　簡単に書いたり詳しく書いたりすること。
　　［中学校　第1学年］「C　読むこと」
　(1)イ　文章の中心的な部分と付加的な部分, 事実と意見などとを読み分け,
　　　　目的や必要に応じて要約したり要旨をとらえたりすること。
　　　　　　　　　　　　　　　　　　　　　　　　　　　　［下線は丹藤］

このような「事実」と「意見」の区分けは, 国語教科書にも「事実と意見をとらえて」などとして採用されていることは言うまでもない。
　しかし, そもそも「事実」と「意見」,「説明」と「評論」との読み方の違いといった国語教育に流通している見方なり分類には, 言語学上根拠はないのである。というより, このような見方は言語を実体もしくは道具として見る言語観に起因しており, ソシュールらによる言語論的転回以降の言語観からすれば無効と言わねばならない。言葉は, 誰かによって発話されることではじめて言語たりうる。つまり, 誰かの視点なしの公平中立な言語などというものはない。したがって,

---

*1　『ひろがる言葉　小学国語　4下』（教育出版, 平成22年度版）に拠る。

言語的に表現されたものである以上,「事実」も誰かによって表現されたものであり, 守田庸一も指摘するように, 本来「事実」と「意見」は明確に区分できる概念ではない。言葉だけでなく,あらゆるメディアは,「事実」をありのままに〈表象＝再現〉しているわけではない。ある媒体を通して「事実」そのものに出会うということは原理的に不可能である。厳密に言うと,「事実」そのものを読むことはできず,「事実」として表現・表象されたものを読むほかはない。

　「事実」と「意見」,「説明」と「評論」といったカテゴリー化は, あくまで授業をするうえで便宜上採用しているにすぎないと言われるかもしれない。「生活文」など,「ありのままを書け」「見たままを書け」といったリアリズムの伝統の根強い国語教育においては,「説明文」は「事実」,「評論」は「事実＋意見」といった区分けの方がわかりやすいし教えやすいのかもしれない。しかし,「事実」と「意見」といったカテゴリー化に根ざす言語観なり読み方は,「説明・論説・評論」の読みそのものを疎外してはいないだろうか。というのも,「事実」を読むということになると,「事実」というものがア・プリオリに存在することを前提とし,「事実」である以上そのまま受け取るほかはないものと思ってしまいがちである。そうなると,「事実」を読むとは, 書いてあることを無条件に, あるいは字義どおりに受け取ることだということになる。しかし, 先に述べたように,「事実」そのものというより, 誰かが表現したものとして現前化するなら, その表現・表象されるテクストの方法こそが読まれなければならないことになる。そのことでテクストは受容者による対話・批評に開かれることになる。表現・表象の方法それ自体が, 読みの対象となることによって, そこに対話的な読みの道筋が拓かれ, 語り手と語られるモノ・コトとの関係を読むといったメタレベルを問題とし批評へと展開することが可能となるのである。「説明文」も「評論」も,「事実」と「意見」といった実体論的言語観に依拠するのでなく, 誰かによって表現・表象されたテクストとして, 対話に開かれた批評的な読みの対象として読むことが求められる。

＊2　守田庸一「事実と意見」(『日本文学』No.703 2012 年) 参照
＊3　河野順子『〈対話〉による説明的文章の学習指導』(風間書房, 2006 年) 参照

2　教材研究

（1）〈「である」ことと「する」こと〉を〈「する」こと〉

　高等学校現代文の定番教材となっている丸山真男「『である』ことと『する』こと」を取り上げる。前節で「説明・論説・評論」において，筆者の「意見」を受容するだけでなく，対話的・批評的な読みの必要性について述べた。この〈「である」ことと「する」こと〉というテクストは，まさしく対話的・批評的な読み方を求めている。

　本論においてまず把握しなければならないのは，〈「である」こと〉と〈「する」こと〉の意味的差異である。〈「である」こと〉は近代以前の身分制や儒教道徳に見られる論理であり価値観であるのに対して，〈「する」こと〉とは自由や民主主義のようにけっして自明なものでも所与のものでもなく，われわれが維持し守ろうとする行為によるところの論理・価値観である。「身分」を維持するのと異なり，「自由」や「民主主義」を守るためには「たえず監視し批判する姿勢」が求められ，民主主義とは「不断の」民主化によって「かろうじて」民主主義たりうる。このテクストにおいて強調されているのは，近代の構成原理たる〈「する」こと〉とは，「不断の」「批判する姿勢」といった行為に負うものでなければならないということである。ということは，〈「である」ことと「する」こと〉を表面的な意味内容のレベルで受け取ることは，丸山の批判する〈「である」こと〉になってしまう。宮村治雄が注意するように「『である』論理から『する』論理への一方的な変化として示されると考えるのは，大きな誤り」なのであり，本教材を単純な二項対立，平板な近代批判として読むことは，〈「である」こと〉として読むことになる。

　では，〈「する」こと〉としての読みとは何か。ポイントは2つある。一つは，〈「である」こと〉と〈「する」こと〉の「近代精神のダイナミックス」としての「現実的な機能と効用を『問う』」こと，あるいは「『である』論理・『であ

---

*4　「『である』ことと『する』こと」の引用は，丸山真男『日本の思想』（岩波書店，1961年）に拠る。以下，同様。
*5　佐藤学は，このテクストの内容は「根源的であり論争的である」（「丸山真男「『である』ことと『する』こと」を読む」田中実，須貝千里編『〈新しい作品論〉へ，〈新しい教材論〉へ　評論編　2』右文書院，2003年）と述べている。
*6　宮村治雄『丸山真男「日本の思想」精読』岩波書店，2001年

る』価値〉から『する』論理・『する』価値への相対的な重点の移動」である。この「相対的な」を理解する必要がある。もう一つは「『である』価値と『する』価値の倒錯」を「再転倒する」ことの必然性とその内実である。「倒錯」とはどのようなことかを踏まえたうえで,なぜ「再転倒」しなければならないのか。「再転倒」するにはどうしたらいいのか。このことを高校生に考えさせたい。それは,現代社会やわれわれ自身の生き方として考えることであり,そのことで「『する』こと」としての読みを教室で実践したい。

3　学習指導の展開

(1) 本時案　第5／6時間目

時間	学習内容	学習活動	☆評価　※留意点
10分	これまでの復習	○「である」ことと「する」ことの意味の違いを確認する。	☆「である」ことと「する」ことの差異を理解しているか。
		○「『である』論理から『する』論理への相対的な重点の移動」とはどういうことだったかを振り返る。	☆「相対的」とはどのようなことを意味するのかを具体的に考えさせる。
	本文の音読	○「『する』価値と『である』価値との倒錯」の箇所を「倒錯」の意味を考えながら読む。	☆「倒錯」とはどのようなことかを理解できているか。
		○「倒錯」の意味を理解したうえで,なぜ「再転倒」しなければならないかを読み取る。	☆「倒錯」から「再転倒」へという論理展開が理解できたか。
15分	グループ討論	○現代社会において,「である」ことと「する」ことが「倒錯」している例を考える。	※グループに分けて話し合わせ,グループごとの発表を予告しておく。
15分	グループごとの発表	○話し合いの結果を発表する。	※「経済」「政治」「芸術」における使い分けに留意する。
5分	本文音読	○「再転倒」させるためにはどうしたらいいかを考えさせるために,「学問や芸術	

		における価値の意味」を読む。	
5分	本字のまとめ。次時の課題の提示	〈次時の課題の提示〉 「再転倒」させるためには,どうしたらいいのか。	☆「倒錯」の意味を理解し「再転倒」の必要性を理解できたか。 ☆現代社会にひきつけて考えることができたか。

(2) 評価の観点

　本単元において必要なことは,「1　概説」で述べたように,「筆者の意見」をそのまま受け取るだけでなく,本文と対話し批評的な読みを試みるところにある。とすると,評価例としては次のように段階的にまとめることができる。
① 〈「である」ことと「する」こと〉の意味的な差異を理解できたか。
② 〈「する」価値と「である」価値との倒錯〉とはどのようなことかを現代社会においてとらえることができたか。
③ なぜ「再転倒」しなければならないのか。そのためにどうしたらいいかを考えられたか。

　①での差異を単純な二項対立として把握してはならないことは先に述べた。①の理解のうえに,②の「倒錯」とはどのようなことを指すのかを実際の社会において具体的に把握することが肝要である。そうでなければ,③の「再転倒」の必要性が出てこない。②は最近のニュースから具体例を探すなどの工夫が求められる。また,「3　学習指導の展開」にあるように,複数での話し合いと発表による他者との交流も有効であろう。さらに,③では,「再転倒」させるために,丸山が言う「文化的創造」とはどのようなことなのかを考えさせたい。

(3) 単元の評価例

　②を生徒に考えさせる。つまり,〈「である」こと〉と〈「する」こと〉が,いかに「倒錯」しており,それ故絶えず「再転倒」していかなければならないかについては次の指摘が参考になる。

　　むしろより厄介なのは,これまで挙げた政治の例が示しているように「『する』こと」の価値に基づく不断の検証がもっとも必要なところでは,

それが著しく欠けているのに，他方さほど切実な必要のない面，あるいは世界に「する」価値のとめどない侵入が反省されようとしているような場面では，かえって効用と能率原理がおどろくべき速度で進展しているという点なのです。
　つまり，〈「する」こと〉であったはずのものが，いつのまにか〈「である」こと〉に変質していたり，〈「である」価値〉であることの方が好ましい場合においても〈「する」こと〉の論理がまかり通ったりする。このような「倒錯」は現代においてもしばしば見受けられるものである。例えば，この10年ほど，国の財政状況の危機に対して行財政改革・規制緩和といったことが例外なしに断行された。〈「する」こと〉の論理によるものと言えるだろう。しかし，そのために地方の病院は閉鎖を余儀なくされたり，バスの路線が廃止されたりするなど，公共的なサービスは著しく低下した。研究・教育機関の予算は削減の一途をたどり，学校は市場原理に晒されている。〈「である」こと〉と〈「する」こと〉の「倒錯」は，現在もなお実際に起こっており，それが歪んだかたちで進行し問題となっている。それ故，この「価値倒錯」を絶えず「再転倒」させなければならない。
　そして，③について，丸山が示唆するのは，「文化の立場」からの政治への発言である。「文化」は〈「である」価値〉のはずであり，奇異に聞こえるが，そうではない。「政治にはそれ自体としての価値などというものはな」く，「果実」によって判定されねばならない。〈「する」価値〉によるほかはないはずの政治は，実際はポストや名誉など〈「である」価値〉そのものになっている。それに対して，芸術や学問といった文化は機能や効率になじむものではなく，〈「である」価値〉に属する。しかし，文化は〈「である」価値〉であることによって，世の中にとっては逆説的に〈「する」価値〉となっている。「深く内に蓄えられたものへの確信に支えられてこそ，（中略）文化の（文化人ではない！）立場からする政治への発言と行動が本当に生きてくる」からである。政治の「倒錯」に対して，文化的言説をどう対置していくか。〈「する」こと〉の追究は，今日においてなお，問われ続けているわれわれの課題である。

（丹藤博文）

第四節
古典　中学校　古文

1　概説

(1) 古文そして古典

　古典といった場合,『竹取物語』などの日本の古文と, 李白の詩などの漢文とがある。ここでは, 日本の古文の学習指導について述べていこう。

　一般に古典は, 次のように定義される。「昔, 書かれ, 今も読み継がれる書物。転じて, いつの世にも読まれるべき, 価値・評価の高い書物」(広辞苑)。

　しかし古典は, 単純に読み継がれてきたのではない, という研究もある。すなわち, 明治以降の国家づくりでは, それまで希薄であった日本の国民という意識を人々にもたせる必要があった。そのために, 日本的なものを意識させようとした。古典もその道具の一つである。何を日本という国家を代表する古典, 国民的な文学にするか。これらは明治以降の国文学研究によってつくられてきたという。古典には, こういう側面もあることに留意しておきたい。[*1]

(2) 古典教育の課題と実践上の工夫

　文部科学省の『中学校学習指導要領解説国語科編』では, 古典教育の目標を次のように述べている。

　「古典の指導については, 我が国の言語文化を享受し継承・発展させるため, 生涯にわたって古典に親しむ態度を育成する指導を重視する。」(p.5)

　このように中学校では,「古典に親しむ態度」が最も重要な目標として設定されている。一方, 実践では, 次の2つが常に課題になってきた。
①文字・語彙・文法などの言語的な困難。
②時代を隔てているために, 話題の多くが日常生活から乖離していること。
　そこで, 実践では, 様々な工夫が行われてきた。

---

*1　ハルオ・シラネ他編『創造された古典―カノン形成・国民国家・日本文学』新曜社, 1999年／藤井貞和『国文学の誕生』三元社, 2000年

まず、①の課題への対応として、教材の工夫がある。早くは、大村はまが、国学者・萩原広道の注の付け方にならって教材提示の仕方を開発した。この方式は、読み仮名、簡単な語釈や解釈を傍注の形で本文に付けたものである。近年の教科書では、この方式を発展させたものが多く取り入れられている。

次に、②の課題への対応として、学習者が自分自身との関連を見いだしていくために、現代の私たちと古典の世界とで共通するところ、異なるところを考えさせようとしてきた。さらに、教材選択や単元のデザイン、学習指導方法にも工夫を凝らしてきた。

これらを踏まえて、以下では、中学校古文の代表的な教材『竹取物語』を例に、具体的な教材研究と学習指導の方法について考えてみよう。

2 教材研究

（1）教科書教材としての『竹取物語』

現在刊行されている5社の中学校1年生教科書すべてに、『竹取物語』は掲載されている。生徒が絵本や昔話の「かぐや姫」で親しんでいたり、文学性の高さから、古文入門の教材としてふさわしいと考えられているからであろう。

代表的な古典全集などを参照すると、『竹取物語』はおよそ次の9ないし10の章段に分けることが、一般的であることがわかる。
①かぐや姫の生い立ち、②妻問い、③〜⑦5つの難題（③仏の御石の鉢、④蓬莱の玉の枝、⑤火鼠の裘、⑥龍の首の珠、⑦燕の子安貝）、⑧御狩のみゆき、⑨天の羽衣（⑩富士の煙）

現在の教科書（2012年度から使用）では、あらすじも交えながら『竹取物語』全体を紹介し、部分的に原文を傍注、訳付きで掲載しているのが一般的である。

---

*2　大村はま『大村はま国語教室　第3巻　古典に親しませる学習指導』筑摩書房、1983年
*3　『新編日本古典文学全集12』（小学館、1994年）、『新潮日本古典集成26 竹取物語』（新潮社、1979年）、『新日本古典文学大系17』（岩波書店、1997年）等

（2）『竹取物語』の教材研究

　授業を深めるためには，教材研究が不可欠である。文法的な観点，作品の構造的な把握や表現上の特徴などから，作品の読みを深めておきたい。

①物語の構造

　物語の語り手がどう語るか。『竹取物語』は，初めと終わりが，語り手が間接的に聞いた話であるように語っている。過去の助動詞「けり」（間接経験）が多用され，昔の話のように語っているのである。一方，次第に語り手は臨場感を高める語りをするようになる。中の求婚譚では，過去の助動詞「き」（直接経験）や「たり」（動作の存続），「ぬ」（状態を瞬時に定位する）を多用するように変化し，聞き手・読み手にとって今を感じるような語り方をしている。このように，語り手の語り方に注目した物語の構造的把握をしておきたい。[*4]

②かぐや姫の変化

　文学作品の読みは，人物像の変化に注目することで読みが深まる。『竹取物語』でも，かぐや姫の変化に注目したい。

　かぐや姫は，冒頭の場面では人間を超越したような超能力的存在である。翁は，この子を見つけた後は「黄金ある竹を見つくること」が重なる。またかぐや姫は，驚異的な成長力で，なんと「三月ばかり」で成人してしまう。しかも「容貌のけうらなること世になく」というすばらしさなのである。

　ところが，貴公子たちの求婚に難題を出す②以下の章段からは，徐々にかぐや姫の人間らしいところが見えてくる。例えば，かぐや姫は②で結婚に対する「深き心ざしを知らでは婚ひがたし」と自分なりの意見を述べている。また，求婚者に対する難題を出すとき，かぐや姫はあるときは冷たく，またあるときは同情しながら言葉をかけている。さらには，月世界へ帰るべきときになっても，地上の人々との絆は断ちがたく，心は千々に乱れる。

　このように，かぐや姫は人間を超越したような存在から，次第に人間らしい部分を抱え込むようになっている。月の世界と地上の人間世界とで引き裂かれるかぐや姫の矛盾と苦悩の中に，私たちは人生を見ることができる。

＊4　片桐洋一「竹取物語　解説」・『日本古典文学全集8　竹取物語・伊勢物語・大和物語・平中物語』小学館，1972年／室伏信助訳注『新版　竹取物語』角川ソフィア文庫，2001年

3　学習指導の展開

（1）古文教材の学習指導法の工夫

　実践では，古典に親しむために，例えば以下のような様々な工夫が行われてきた。授業では，これらを組み合わせたり，アレンジしてみよう。
①音読の工夫。一人で・複数で（群読へ発展も），内容を意識した読み，暗唱。
②歴史的仮名遣い，語彙や文法の理解，口語訳などを生徒が調べて発表する。
③作品の読みを自分の経験と重ねながら，あるいは想像しながら読む。
④登場人物について語り合う，書いてみる。人物に手紙を書いてみる。
⑤同じ作品を教科書教材の場合とほかのメディア（映画・絵本・マンガなど）の場合とで比較してみる。
⑥文章を絵にしたり，劇化したり，『竹取物語新聞』にしたりする。
⑦『竹取物語』事典にしてみる。クイズにしてみる。
[*5][*6]

（2）授業のねらいと学習の構想

　この単元全体の最も大きな目標は，古典に親しむということである。そのために，『竹取物語』では何を具体的な目標にするかを考える。もちろん，クラスの生徒の実態によって，どこまでできるか正確に見極めていく必要があろう。例えば，次の3つを具体的な目標にする。
1）かぐや姫の人物像の変化を読み，自分なりの考えをまとめる。
2）人物の様子や心情について，わかりやすく伝わるように発表する。
3）仮名遣いや言葉遣いの現代との違いに注意しながら音読をし，文語文のリズムや響きを味わう。
　これらを達成するために，次の3つの学習活動を構想した［全8時間］。
①かぐや姫の生い立ち：かぐや姫の超能力的存在を読む［2時間］
②求婚譚：5人の難題解決に対して，人間らしさが出てくるかぐや姫の対応を読み，それらをグループに分かれて調べ，発表する。［4時間］

[*5]　五味貴久子「読み継がれてきた古典『竹取物語』の学習―『竹取物語事典』をつくる」・『月刊国語教育研究』No.416, 日本国語教育学会，2006年
[*6]　教育文化研究会編『気軽に楽しく短い時間で　力のつく古典入門学習50のアイディア』三省堂，2004年

③天の羽衣と富士の煙：月の世界と地上界に引き裂かれ苦悩するかぐや姫。しかし最後にはまた月の世界の超越的世界へ帰ることを読み取る。[2時間]

（3）本時案　第1／8時間目

①本時の目標

『竹取物語』に関心をもつ。また，仮名遣いや言葉遣いの現代との違いに注意しながら音読をし，文語文のリズムや響きを味わう。

②本時の展開

時間	学習内容	学習活動	☆評価　※留意点
10分	・絵本*7を見て，『竹取物語』への関心をもつ。 ・学習計画 ・『竹取物語』はどんな物語かを知る。	○『かぐやひめ』絵本をよく見る。 ○気づいたこと，思い出したこと，感想を発表する。 ○学習計画を知る。 ○物語の成立や時代背景，大まかな内容や構成を知る。 ○絵本『かぐや姫』との違いにも気をつけて，原文に挑戦してみる。	※絵本を見やすい形で提示する（実物投影機やコンピュータソフトの活用）。 ※単元の学習展開を知らせる。 ※教科書にある『竹取物語絵巻』を見る。またインターネットで奈良絵本『竹取物語絵巻』を見せてもよい。 ☆古典への関心をもとうとしている。
10分	・冒頭の原文を読む。（「今は昔～籠に入れて養ふ」）	○どのように読んだらいいかを生徒が班ごと（4人程度）に考える（仮名遣いや，「さぬきのみやつことなむいひける」などの区切りを考える）。	※教師が班を回り，教科書や便覧など資料のどこを参照すべきかや，疑問について適宜助言する。 ☆原文を読みこなそうとしている。 ☆話し合いに参加しようとしている。
10分	・音読発表	○班で音読を発表する。 ○読むときに気をつけたことを発表する（仮名遣い，区切り，リズム，意味など）。	☆歴史的仮名遣いと現代仮名遣いの違いについて理解している。 ☆古文特有のリズムや表現に気づいている。
5分	・音読練習	○発表を受けて読み方に気をつけて音読練習をする（範読・ペアで・班で・クラス全体でなど）。	※特に区切りに気をつけて読ませる。

*7　岩崎京子作・長野ヒデ子絵『かぐやひめ』教育画劇1998年／円地文子作・秋野不矩絵『かぐやひめ』岩崎書店，2002年／西本鶏介作・清水耕蔵絵『かぐやひめ』鈴木出版，2001年等

7分	・意味把握	○教科書の傍注や訳を参照しながら、冒頭の意味を理解する。	☆原文の意味がおよそわかっている。 ※現代の言葉とは意味が違う言葉について、教師が補足する。
3分	・まとめ ・次時予告	○今日の授業を振り返る。 ○次時の予定を知る。	☆今日の学習内容が把握できている。

(4) 評価

　伝統的な客観テストに対して、近年はパフォーマンス評価が注目されている。これは、学習者が習得した知識を実際にどの程度活用しているかを測るものである。そのためパフォーマンス評価は、学んだことを表現する方式を採る。

　パフォーマンス評価の代表的な方法としては、A「自由記述式問題」と、B「狭義のパフォーマンス課題に基づくパフォーマンス評価」がある。例えばAだと、『竹取物語』では⑩「富士の煙」章段があるのとないのとでは読みにどのような違いがあるか、そしてなぜそのような違いが生まれてくるのかを記述する問題である。一方、Bだと「竹取物語の音読発表をしよう」や「『竹取物語新聞』を同学年の生徒向けにつくろう」といったパフォーマンス課題である。

　これらパフォーマンス課題の信頼性を高めるために、評価指針（ルーブリック）が必要である。これは、評定尺度とその内容を記述する指標からなる。例えば、本時の竹取物語の音読発表では、次のようなルーブリックが考えられる。[*8] レベル1＝読むことがたどたどしく、つかえたり文字を拾い読みしたりしている。レベル2＝発音や発声、リズムに気をつけてすらすらと音読している。レベル3＝話の内容や様子、言葉の意味に合わせて発音や発声、リズムに気をつけてすらすらと音読している。レベル4＝修飾・被修飾語、主語と述語など語と語の関係に応じて声の組み立てを考え、話すように音読している。レベル5＝文と文、段落相互の関係を考えて声の組み立て（高低イントネーション）や間、リズムを考えて話すように読んでいる。

　このように、目標と授業と評価を関連させて、デザインする必要がある。

（松崎正治）

*8　田中耕治編著『パフォーマンス評価―思考力・判断力・表現力を育む授業づくり』ぎょうせい，2011年

第四節
古典　高等学校　古文（韻文）

1　概説

（1）「学習指導要領」における扱い

　平成25年度から段階的に実施される新たな「学習指導要領」においては，従来の3領域1事項の枠組みに変化はないものの，注意すべきは事項内容が「伝統的な言語文化と国語の特質」と改められている。また「伝統的な言語文化」に関する学習は，3領域の指導の中でおこなうことを求めている。さらに小学校・中学校・高等学校の系統的な指導が求められているのである。
　このような位置付けから，古文領域の韻文教材は3校種のすべてで取り上げられ，その重複教材の割合も高い。また「国語総合」が必修となり，近代以降の文章も扱うことが求められていることを考慮するならば，韻文教材は様々な工夫が施されて教材化されている。

（2）韻文単元の様相

　韻文教材の単元は「和歌・俳諧」を中心に構成されてきているととらえられ，新たな学習指導要領においても同様な方向性にある。ただし，和歌については，①三大集の秀歌選，②百人一首，②勅撰集の秀歌選のごとき3種類の教材化が行われている。俳諧については，松尾芭蕉の『奥の細道』を中心に，小林一茶・与謝蕪村などの俳句（発句）を教材化するのを基本とする。
　韻文教材では修辞の確認や個々の主題の理解などが学習の中心をなしているのが現状である。それ故，単発的な学習となりがちで系統性が薄れてしまい，韻文がもつ特徴的な表現世界やリズム感などを学習するまでには至っていないのが現状であろう。

（3）求められる韻文の教材化

　文法や修辞の理解によって導かれる解釈でこと足れりなのではなく，韻文教

材の特性を生かした単元構成と教材化，さらには学習課題の設定を行わなくてはならない。つまり，韻文のなかでも和歌が担ってきた文学的な役割を理解した教材化と学習活動が求められているのである。

ここでは和歌教材を取り上げながら，その教材化（教材研究）の実際と学習指導の展開を示す。

2 教材研究

(1) 和歌教材の現状

すでに述べたように，教材化に際しては大きく3種類の形態があり，もっとも基本的なのは「①三大集の秀歌選」である。「三大集」とは『万葉集』『古今和歌集』『新古今和歌集』を指し，それぞれの和歌集から「秀歌」とされる作品を数首取り上げて単元構成するものである。

現行の「国語総合」での所載状況によれば，「三大集」においても所載状況は次のような異なりを有する。[*1]

万葉集：標準的な時代区分（4期区分）の各時代から撰歌されている点は共通する。第1期では8（額田王）・20（額田王）・21（大友皇子）・28（持統天皇）の4首に限られ，第4期も同様な状況にあり，大伴家持の4139・4290・4291・4292のいずれかを第4期の作品として所載する傾向にある。[*2]一方，第2期では柿本人麻呂の作品を中心に選ばれているものの，特定の作品が存するとはいえない。第3期も同様な傾向にあり，山部赤人・山上憶良・大伴旅人を中心とした作品が数首選ばれている。また，教材を巻ごとに見れば，教科書に所載歌がない9巻（7・9〜13・1〜18）のうち7巻（7・9〜13・16）は，基本的に作者未詳の巻という顕著な傾向がある。つまり，作者が分明でない作品は撰歌対象から外される傾向にあることを示[*3][*4]

---

*1 　拙稿「古典和歌教材研究―「国語総合」所載の万葉集・古今和歌集の活用―」（人文科教育学会『人文科教育研究』第32号，2005年）参照。なお執筆時点での「国語総合」所載の万葉集・古今和歌集の一覧を示してある。
*2 　以下，万葉集を引用する場合に付す歌番号は『国歌大観』による。また古今和歌集・新古今和歌集は『新編国歌大観』の歌番号による。
*3 　残る2巻（17・18）は，「家持歌日誌」と称される巻の一部であり，多くが大伴家持の作品である。家持歌は巻19から撰歌されており，作者未詳の巻と同列に扱うことはできない。

す。

古今和歌集：『古今和歌集』の所載状況には，ある程度明確な傾向を読み取ることが可能である。歌ごとの分類（巻立て）を大まかに示しておいたが，四季と恋の部立てには，ほぼ定番と言いうる作品が存在することである。これらの部立ては『古今和歌集』の基本構造をなす巻である。春は「袖ひちて」（2 紀貫之）あるいは「ひさかたの」（84 紀友則）のいずれか，夏は「五月待つ」（139 詠み人知らず），秋は「秋来ぬと」（169 藤原敏行），冬は「山里は」（315 源宗于），恋は「思ひつつ」（552 小野小町）が挙げられる。四季と恋の部立てを代表する作品をという明確な意識のもとで撰歌が行われていると推察しうる。これは『万葉集』が漸次的に成立してきた経緯を有するのと異なり，『古今和歌集』は明確な編纂方針のもとで成立しているという違いによるのだろう。また『古今和歌集』は全 20 巻が緊密な構造体をなしていることも部立てを代表する和歌を選び出すことの要因として挙げられよう。[*5][*6]

新古今和歌集：傾向は『古今和歌集』と同傾向にある。四季と恋の部立てから採録され，春は「見渡せば」（36 後鳥羽院）「春の夜の」（38 藤原定家）などが採られ，夏は「昔思ふ」（201 藤原俊成），秋は「寂しさは」（361 寂運法師）「心なき」（362 西行法師）などを中心に撰歌されている。恋では「玉の緒よ」（1034 式子内親王）が採られる傾向にある。

（2）学習課題の問題

『万葉集』と勅撰 2 集とにおいて撰歌傾向に差異が認められるのは，歌集の成立状況などの文学史的な問題のみならず，以下の学習課題の内容にも影響されている。

【037 新精選国語総合】
　　1 音読　　2 歌の主題　　3 自然・人事詠の選歌理由記述　　4 修辞技巧の効果

＊4　東歌を収める巻 14 は作者未詳であるものの，万葉集の特徴を示すうえから，多くの教科書が撰歌対象としてきたと考えられる。
＊5　万葉集の成立は伊藤博『古代和歌史研究』（全 8 冊，塙書房）で詳述されている一連の成立論に拠る。
＊6　四季部の構造は新井栄蔵「古今和歌集四季部の構造についての一考察―対立的機構論の立場から―」（『國語國文』41 巻 8 号，中央図書，1972 年）を参照。

5 三大集の歌風の整理　　6 文法
【040 精選国語総合古典編改訂版】
　　　1 音読　　2 修辞技巧等の効果　　3 歌に詠まれた心情・風景理解
　　修辞技巧の学習(下線部)は、和歌学習の主要な項目の一つと数えられよう。また心情・景物の理解(波線部)も学習項目として重要な位置にある。つまり、和歌学習の眼目は個々の和歌の修辞技巧を理解して和歌全体の修辞に対する理解を深め、心情や詠まれた景物を正確に把握することにあるといえよう。

（3）学習指導要領が求める学習内容

　　今回の改訂では「伝統的な言語文化」の新設に伴い、古典学習の工夫が求められている。解説では「指導においては、古典の原文のみを取り上げるのではなく教材にも工夫を凝らしながら、古人のものの見方、感じ方、考え方に触れ、それを広げたり深めたりする授業を実践」して「古典に対する興味・関心を広げ、古典を読む意欲を高めることを重視する必要がある」と述べられている。原文読解偏重の学習のみならず、様々な教材化の工夫によって古典を学ぶ楽しさや意義を理解できる学習活動が求められているのである。[*7]
　　このような主旨を踏まえるならば、以下のような「学習指導の展開」が新たな韻文単元の学習方法としての可能性を有するだろう。

3　学習指導の展開

（1）韻文教材の位置付け

　　従来の学習活動は修辞と内容の理解に主眼が据えられている。そのため韻文教材の学習を通してどのような事柄を学ぶのかが判然としていない憾みがある。このような状況を少しでも解消できるよう、韻文教材の理解に「鑑賞」と「相互批評」の活動を取り入れて単元を構成する。これまでの実践などでも鑑賞活動は行われていたが、その方法や評価については充分に練られていない。

＊7　文部科学省『高等学校学習指導要領解説　国語編』（国語総合）「4 内容の取扱い」（6）教材に関する事項（イ古典の教材）参照

（2）学習活動の概観

　　月見ればちぢに物こそかなしけれ我が身ひとつの秋にはあらねど
　　　　　　　　　　　　　　　　　　　　　　　　　　　　　　（古今集）
これには，簡略ながら要を得た次のような鑑賞文が大岡信によって附されている。[*8]

　　秋の月を見あげていると，わけもなくただただもの悲しい。だれの上にもやってきている秋なのに，私ひとりだけの秋というわけでもないのに。
　　「ちぢ」は千に「ぢ」を添えて，数の多いことを示し，「わが身ひとつの」の一と対比させています。秋は何とはなしに悲しい，という感受性は，多分に日本的なものだと思いますが，この歌は中国の白楽天の『白氏文集』の中の「燕子楼」という詩の一部を踏まえてつくられています。

鑑賞文では，大岡の口語訳と和歌の修辞，背景などがわかりやすく説明されている。また，大岡には『百人一首』の鑑賞文で「現代詩訳」を附したものがあり，作品鑑賞に有効である。[*9]

古文の学習では，本文を理解するために品詞分解・語句解釈などの作業を通して最終的に「通釈(口語訳)」を作成することが重要視されている。つまり，解釈できることが理解したことになるのである。

古文を理解するためには，ある程度の決まりごと（文法・修辞・単語）を理解する必要がある。だが，それに基づいて常に解釈する必要はないのではないか。本作品では，先に示したように，語義・修辞などは大岡信の文章によって示されている。したがって，教師が説明せずとも，従来学習事項とされてきた内容の多くが明らかにされている。

このような教材の眼目は「鑑賞」と「相互批評」にある。詩人の感性が豊かに発揮され，数百年前の和歌に込められた感情を，わかりやすい現代語で再現しているのである。「通釈(口語訳)」とは異なる方法で表現されている古人の感情を鑑賞するための大切な懸け橋となるのが鑑賞文であり，『百人一首』での現代詩訳なのである。和歌と現代詩訳とを比較して，和歌では余剰とも言え

＊8　大岡信編『星の林に月の船―声で楽しむ和歌・俳句―』岩波書店，2005年
＊9　大岡信『百人一首』講談社，1980年

る表現はどこから来ているのか。そうした疑問を解決するのが鑑賞文である。鑑賞を通して，和歌に詠まれた感情を読み取る。その後は，採録していない作品を用いて，現代詩訳をつくり，大岡訳と比較し，生徒相互の話し合いを通して個々の現代詩訳を推敲する。これらの作業によって，各自の表現力と相互批評力を涵養することになる。

(3) 本時案　第3／6時間目

時間	学習内容	学習活動	☆評価　※留意点
5分	1．前時で取り上げた教材を確認する。 2．音読でリズムや表現を確認する。	○前時で取り上げた教材が，どの歌集の短歌であったかを，隣同士で確認して音読する。	＊句切れや仮名遣いの読み誤りに注意させる。 ☆短歌の韻律を意識して音読している。 ☆仮名遣いの読み誤りがないかに注意して聞いている。
15分	3．本時の学習課題を確認する。	○本時の学習課題を確認して，大岡の鑑賞文を読む。 ○大岡がどのような表現に注目しているか相互で確認し合う。	＊鑑賞文ではどのような表現に着目するかに気をつけさせる。 ☆大岡が着目する表現を的確に理解している。
10分	4．現代詩訳での工夫を考える。	○前時で扱った短歌の現代詩訳の工夫点をペアで話し合い，まとめる。 ○詩訳をつくる際，対比の表現の訳し方の工夫を考える。	☆詩訳の工夫点が具体的に指摘されている。 ☆表現の工夫を具体的に示している。
10分	5．本時で取り上げた短歌の現代詩訳をつくる。	○鑑賞文を参考にしながら現代詩訳をつくる。	＊前時で紹介した大岡自身の現代詩訳を参考にするよう指示。
10分	6．作成の現代詩訳を交流する。 7．まとめ	○各自が作成した現代詩訳を，表現の工夫点を説明しながら，ペアで交流する。 ○交流した内容を踏まえて，各自の現代詩訳を添削する。	☆表現の工夫点が具体的に説明できている。 ＊次回は大岡の詩訳と比較して意見交流をおこなうことを予告する。

(西　一夫)

第四節
古典　高等学校　古文（散文）

1　概説

(1) 教材

　　『枕草子』の「春はあけぼの」を教材とする。
　　ところで，『枕草子』には三巻本，能因本，前田家本，堺本などの系統の写本・伝本が存在する。ここでは，原型・オリジナルに近い，との説が優勢な三巻本系統を底本にした第一段「春はあけぼの」を教材とする。

(2) 学習の到達目標，目標設定の意図，学習指導計画，学習指導方法

　　学習の到達目標は，①作品「春はあけぼの」を味わうこと，②作者の美意識「をかし」「あはれ」について考える，である。
　　目標設定の意図は，「古典に親しむ」ことを第一義としたことにある。多くの生徒が古典を敬遠する理由は，語句や文法，現代語訳・訓詁註釈等の指導が過度になり，作品全体を一つの世界として生徒自身の言語感覚や感性で向き合い鑑賞させることもなく終わる傾向があるからである。これでは，生徒自身と古典作品との距離感は開いたままになる。親近感・親しみを抱かせることである。「親しむ」ということは，生徒が自ら古典に向き合い，時代の壁を乗り越えて，作品の世界に入り込むことができて可能になる。そのためには，生徒自身が作品を味わうことができ，作品の主要な部分，核心的な部分（本教材では「をかし」「あはれ」）について思考をめぐらす，という学習活動が必要である，と考えて上記の目標を設定した。
　　学習指導計画は，4時間配当である。概要は次の通りである。1時間目は，①「をかし」「あはれ」の言葉や四季に対する生徒の感覚の確認，②文体・文章に読み慣れさせる，③係助詞「は」の用法の学習。2時間目は現代語訳を参照して，作者の感情や作品の情景など作品の世界を想像し描写させる。ただし，「をかし」「あはれ」「山ぎは」「山の端」の語は古語辞典を引かせ生徒自身に解

釈させる。3時間目は，教材「春はあけぼの」を見ながら，変体仮名字典の類を参照させながら写本の文字を解読させる。4時間目は，春・夏・秋・冬について生徒の「をかし」「あはれ」感を，「春はあけぼの。……」という清少納言の簡潔で明快な文体を真似て作成した生徒の『枕草子』を発表させる，鑑賞批評をする。最後に，生徒の「をかし」「あはれ」感と作品の感性との異同について考えさせるとともに全学習活動の振り返りをさせる。なお，全学習過程において作成した物や学習記録は，その都度ファイルさせ，ポートフォリオ評価をおこなう。

学習指導の方法は，教師による一方的な説明・指導ではなく，構成主義的で生徒が主体的に考えたり，調べたり，議論することを重視したワークショップやグループ学習による参加型学習を基本とする。

2　教材研究（焦点化する内容事項について）

『枕草子』は，「跋」（301 段）に「この冊子，目に見え，心に思ふことを，人やは見むとすると思ひて，つれづれなる里居のほどに書き集めたるを」とあるように清少納言自身の感想や観察が題材となっており，「春はあけぼの」は，清少納言の観察した四季・自然や日常生活に対する率直な思いが簡潔に明快な文体で描写されている。

電子メディアと屋内生活に偏向した生活環境にある現代の子どもたちは，移ろいゆく自然や植物に心をしみじみと一体化させる経験がどれほどあるだろうか。感性や言語感覚に鈍化が生じていると思われる。心の豊かさが失われていってはいないだろうか。曙，雲，蛍，雁などを眺め，観，風や虫の音を聴く，そこに思いをはせる，あるいは，観察対象から何らかの意思を感得することは希有だろう。人間による環境破壊や気候変動の進行する今日だからこそ，自然との共生の思念はあまねく共有されなければならない。清少納言の自然に対する思いを知り，共感し，生徒自らが在る環境や自らの感性を顧みることは，その入り口となる。時代の変化と共に人間と自然がどのように移ろい，あるいは通底するものがあるのか，そのことを考えることに古典を学ぶ意味の一つがある。

「をかし」は『枕草子』において 400 例を超えており，清少納言の美意識を象徴するものとされている。「春はあけぼの」には，この「をかし」とその反対概念である「あはれ」の語も用いられている。これらの感情は王朝文学にみ

られる美意識でもある。これらの語意を，教えられるのではなく，生徒自身が，古語辞典を引きながら文脈に即して具体的な思いを想像し考えることによって，生徒と清少納言，さらには王朝貴族との感性・感情の距離が接近する。「春はあけぼの」の作品において清少納言が何を「をかし」とし，何を「あはれ」としたかを想像し，考えることの意味はそこにある。

また，「春はあけぼの」という「……は〜（名詞・物）。」と言い切る文体は作者の明確な意思・判断力を示しており，かつ文章を切り立たせている。そこで，係助詞「は」によって題目が提示されるとその文末は確定的になるという用法を表現の学習として位置付けたい。明快な文体も味読させたい。

さらに，文字から古典文学に興味を誘う方法として，写本を解読させる。授業では，「能因本」[*1]を使用するが，三巻本との異同を検討することが目的ではない。現代の活字体や句読点の付された文章と比較して，文字から時代を感じたり，現代の文字の成り立ちを知ったり，能因本が教材の三巻本と異なっている箇所に気づくこと，等で古典作品に対する興味を抱くことができる。こうした好奇心は，写本の文字を変体仮名字典と首っ引きで，「この字かな，あの字かな」と謎解きをするような体験を経ることで生じてくる。

このほか，「山ぎは」「山の端」についての知識も修得させ，清少納言の観ている景色に近似的な想像ができる一助にしたい。

3　学習指導の展開

次に全4時間扱いの授業の各時間の学習について本時案として示しておく。

(1) 本時案　第1／4時間目

時間	学習内容	学習活動	☆評価　※留意点
15分	「をかし」「あはれ」や四季に関する自他の感情を確認する。	○「をかし」「あはれ」について抱いている感情を各自ノートに書き，発表し，板書されたものの中から自分の感情と異なっているものをノートに写す。	☆積極的に発言し，他者の発表を聞いている。 ※発表をすべて板書する。（「をかし」と「あはれ」の見出しを上下二段に分けて表示）

---

*1　松尾聡編『能因本　枕草子—学習院大学蔵〈上〉』笠間書院，2005年

第二章　国語科指導の実際

時間	学習内容	○学習活動	☆評価　※留意点
		○四季について抱いているイメージを各自ノートに書き，発表し，板書されたものの中から自分のイメージと異なっているものをノートに写す。	☆積極的に発言し，他者の発表を聞いている。 ※発表をすべて板書する。（四季に分けて板書）
25分	学習目標を確認する。	○教師の概説を聞く。 ○下記の目標をノートに写す。 　文体の特徴や，句読点の間の取り方，一呼吸で読むこと等を学び，音読に生かす。	※教材プリントを配付。（教科書を開かせる） ※作品，作者について概説し，到達目標と本時の目標を板書する。
	音読のしかたを学ぶ。	○教師の読み（以下，範読と称す）を聴いた後，全文を音読する。 　全員で音読し，後に四季ごとに個別に音読する。	☆言葉を正確に読んでいる。 ☆範読通り音読している。 ☆他者の音読を聴いている。 ※音読を矯正する。
	文体を学ぶ。	○「……は〜（名詞・物）」という各段の冒頭の文体に関する教師の説明をノートに書く（説明の概要：係助詞「は」の文末は確定的になる。文章は明快になる）。 ○再度の範読に従って繰り返し音読する（目を閉じて範読を聴く）。	
10分	音読の評価と係助詞「は」の用法を確認する。	○音読について口頭で相互評価する。 ○係助詞「は」の用法を確認する。 ○本時のノートを提出する。	※音読について講評する。 ☆ノートに正確に書いている。 ※2時間目に色鉛筆，古語辞典の持参を指示する。

（2）本時案　第2／4時間目

時間	学習内容	○学習活動	☆評価　※留意点
5分	学習目標を確認する。	○目標「をかし，あはれ，山ぎは，山の端，について理解し，作者の感情や情景を想像し描写する」をノートに写す。	※ノートを返却する。 ※本時の目標を板書する。
	音読する。	○全文を一斉に音読する。	☆よく読めている。

時間	学習内容	学習活動	☆評価　※留意点
30分	本文を理解する。特に、「をかし」「あはれ」「山ぎは」「山の端」の解釈を深める。	○現代語訳を参照したり、辞典を引きながら本文の内容を理解する。 ・「をかし」「あはれ」「山ぎは」「山の端」を古語辞典で調べる。 ・各自の解釈とグループでの協議による解釈とが異なった場合は、区別してプリントの空欄の横に書く。 ○グループごとに「をかし」「あはれ」「山ぎは」「山の端」についての解釈を理由を述べて発表する。 ○各自のグループと異なった解釈は青で、興味のひかれた解釈は赤で、該当する言葉の箇所に各自記述する（異なった解釈に対する意見や興味のひかれた理由を併記する）。	※現代語訳のプリントを配付する（調べさせる言葉は空欄にしておく）。 ※グループ学習とする（1グループ5〜6人とする）。 ☆熱心に辞書で調べている。 ☆積極的に発言している。 ☆他者の意見も傾聴している。 ☆議論を活発にしている。 ※発表を板書する。 ☆「からすの……飛びいそぐさへあはれなり」とし、蛍や雁の飛ぶ風景や夏の雨降りには「をかし」としている感情の違いが解釈できている。 ※大野晋『古典基礎語辞典』参照。ほかに図鑑を用意する。 ※生徒の感性を尊重するが、恣意的な解釈は正す。
10分	四季ごとに情景を想像する。	○各自、四季ごとに情景を色鉛筆で描く。	※画用紙を配付する。 ☆情景を再現しようと、熱心に楽しそうに描いている。 ☆「山ぎは」「山の端」が理解できている。
5分		○解釈を記入した現代語訳のプリントを提出する。	※次回に絵の提出を指示。

(3) 本時案　第3／4時間目

時間	学習内容	学習活動	☆評価　※留意点
5分	絵の確認。学習目標を確認する。	○四季の絵を提出する。 ○目標「写本を読み解く」をノートに写す。	※前時の解釈にコメントを記して返却する。 ※本時の目標を板書する。
40分	写本を読み解く。	○能因本の「春はあけぼの」を印刷したプリントに、教材と変体仮名字典を参照しながら、変体仮名の横に該当する教材の文字を書いていく。 ・グループで相談し、考えながら解読する。	※文字を書くために写本の各行の間隔を空けておく。 ※写本、変体仮名字典の使い方について説明する。 ☆積極的に興味をもって取り組んでいる。

		・わからない場合は全員で考える。 ○上記のプリントを提出する。	※難解な文字は教師が説明する。
5分		○右記の宿題を確認する。 （400字詰め原稿用紙，縦書き）	※作者の文体をまねた四季の「をかし」「あはれ」の文章（わたしの『枕草子』）作成を次回の宿題として指示。

（4）本時案　第4／4時間目

時間	学習内容	○学習活動	☆評価　※留意点
5分	学習目標を確認する。	板書された目標「①わたしの『枕草子』の鑑賞。②わたしと作者の美意識・感性との異同について考える。③学習活動を振り返る」をノートに写す。	※事前に生徒の描いた四季の絵を教室に貼っておく。 ※本時の目標を板書する。
40分	美意識の異同を確認する。	○目標①を発表し，感想を述べ合う。 ○目標②について考えを発表する。	※多くの生徒に発表させる。 ☆積極的に発表し他者の発表も傾聴している。
5分	学習活動を振り返る。	○作者の四季に対する美意識を自己と比較，勉強して発見したこと，音読や写本を解読したこと，「春はあけぼの」の好きなところとなぜ好きか，授業の進め方の感想等を書く。	※時間内に提出できない場合は，宿題とする。 ※ファイルされた個々の絵，「わたしの『枕草子』」，学習活動の振り返りなどからポートフォリオ評価をして後日返却する。

（瀬川武美）

第四節
古典　高等学校　漢文

1　概説

(1) 現状と課題

　現在，漢文指導が抱えている課題には以下のものがある。
① 指導時数の減少
② 大学入試における漢文除外校の増加
③ 漢文指導に苦手意識をもつ教員の増加
　①②の状況の中で育った世代が教員となり，③の結果を生みつつある。
④ 校種や他教科との連携を考えない指導
　中学校でも高校でも同じように訓点の指導から始めたり，世界史や倫理，あるいは道徳との学習境界があいまいになったり，あるいは重複したりする。

(2) 課題解決に向けて

① 中学校，高校（国語総合）という学習を踏まえた指導を図る。
　中学校では「地震」「読書」「左右」「不信」などの熟語の構造に気づかせる。さらに寺門日出男が提案するように，「劉媼嘗息大沢之陂」（劉媼嘗て大沢の陂に息ひ）を紹介して「休息」「安息」などを理解させる方法もある。また，訓点をつけた漢作文をつくらせる。その場合，レ点や一二点を用いる体験をすることを重視し，文字の用法等にはあまりこだわらない方がよい。
　高校では初歩的な事項の確認をするとともに，小中学校での学習とは異なる，漢文学習の意義を感じさせる。
② 教材の性格を踏まえた指導をおこなう。
　史伝を扱って人物の心情に踏み込みたい場合には，学年当初から登場人物についての一口話を帯単元として組み，各人物の履歴について理解させておく。
　また，思想教材では，相手や場面に応じて表現を巧みに変えながら語っている点に注目した指導をおこなう。

2　教材研究

（1）教科書採用状況

　本稿では，高校国語総合における「論語」の指導例を取り上げる。現在，中学校の教科書でも，高等学校「国語総合」の教科書でも，『論語』は全社の教科書に採録されている。さらに，小学校の教科書でも3社のものに伝統的な言語文化の教材として採録されている。これまで以上に学習歴を踏まえた指導が求められている。

（2）『論語』と孔子

　『論語』は紀元前6世紀ごろの思想家孔子の言行を弟子たちがまとめたものという。日本にも6世紀には伝来し，以後読み継がれてきた。国家の基本原理にされたという事情もあろうが，『論語』の章句のもつ魅力もあろう。

　生徒には古臭い思想を語るものというイメージでとらえられることが多い。しかし，人生の指針となるべき言葉を生徒たちが求めていないわけではない。内容を一律に読み味わうことを求めるのではなく，一人一人が個別に章句と向き合うような学習活動を組織することが望ましい。

　また，特定の人物（多くの場合には弟子たち）に向かって語られた言葉であるところから，その人物にそのような表現をした理由を考えさせることにより，孔子と相手との細やかな思いやり，特に子弟への愛情を味わわせたい。

（3）注釈書

　『論語』には数多くの解説書・注釈書があるが，それらのおおもとは「古注(こちゅう)」と「新注(しんちゅう)」である。「古注」は魏の何晏(かあん)（3世紀）が編纂した『論語集解(しっかい)』であり，「新注」は南宋の朱熹（12世紀）が表した注釈書『論語集註』である。このほかにも日本国内の優れた研究者による注釈書が数多く出版され，現代でも数多くの出版物が書店に並んでいる。*

3　学習指導の展開

　本実践例は次のような想定がなされている。

（1）**対象と科目**：高校1年生　国語総合（必修科目）
（2）**単元の目標**
・文章に描かれた人物や心情などを表現に即して読み味わおうとする。（関心・意欲・態度）
・文章に描かれた人物，情景，心情などを表現に即して読み味わう。（読む力）
　　　　　　　　　　　　　　　　　　　　　　　　（「読むこと」の指導事項ウ）
・漢文訓読の決まりや語法を理解している。（知識・理解）
（3）**評価規準**
・孔子の弟子たちへの愛情を表現に即して読み味わおうとしている。（関心・意欲・態度）
・孔子の弟子たちへの愛情を表現に即して読み味わっている。（読む力）
・漢文訓読の決まりや語法を理解し，すらすら音読することができる。（知識・理解）
（4）**言語活動**：古典を現代の文章に書き換える。（「言語活動例」のア）
（5）**教材**：『論語』のいくつかの章句を扱い，特に以下の章句を別に取り上げる。

　　テキスト①　子曰，由，誨女知之乎。知之為知之。不知為不知。是知也。（為政）
　　　　　　　子曰く，由よ，女に之を知るを誨えんか。之を知るは之を知ると為し，知らざるは知らずと為す，是れ知るなり。

　　テキスト②　子曰，学而時習之，不亦説乎。有朋自遠方来，不亦楽乎。人不知而不慍，不亦君子乎。（学而）
　　　　　　　子曰く，学びて時に之を習う。朋あり遠方より来たる，亦楽しからずや。人知らずして慍らず，亦君子ならずや。

（6）**単元全体の流れ**
　　《第1時》　各章句を音読したうえで，おおよその内容を確認する。
　　《第2時》　各章句を暗誦する。補助プリントとして，①書き下し文，②訓

◆参考文献◆
＊石川忠久他監修『漢詩・漢文解釈講座』昌平社，1995年
＊井波律子『論語入門』岩波新書，2012年
＊寺門日出男「国語教育と漢文訓読」，田部井文雄編著『漢文教育の諸相――研究と教育の視座から』大修館書店，2005年

第二章 国語科指導の実際

　　　　　　読漢文，③白文の3種類を用意し，①から順にすらすら読む。
《第3時》　孔子の弟子たちへの心情を表現に即して読み味わう。（本時）
《第4時》　任意の一章句をもとに書いた物読を交換して読み味わう。

(7) **本時案　第3／4時間目**

時間	学習内容	○学習活動	☆評価　※留意点
5分	1．教材文全文を音読し，本時のめあてを確認する。	○教材文を各自で音読し，読み方や意味が不確実な個所については確認する。	☆教科書脚注やノートの記述を確認しながら音読している。
5分	2．「人を見て法を説く」という慣用句を確認する。	○具体的な事例を確認しながら解説を聞き，ノートにまとめる。	☆解説をノートにまとめている。
10分	3．テキスト①を取り上げ，子路にこのような表現で「知」を説明した理由を理解し，孔子の子路への愛情を感じとる。	○「子」すなわち孔子が誰かに語った言葉であることを確認する。 ○「知ること」の自分なりの定義を発表し合うことでいろいろな定義ができることを理解する。 ○孔子が，子路にこのような説明をした理由をノートに書き，発表する。	☆「知ること」の自分なりの定義をノートに書き，発言している。 ☆理解が不十分なままに行動しようとしがちな子路の生き方に不安を感じ，このような説明をしていること，孔子の子路への愛情を理解している。
15分	4．テキスト②について，どのような相手にこの言葉を語ったのかを，根拠となる表現とともに説明する。	○想像した人物をノートに書く。 ○「学」「有朋」「人不知」で始まる三つの文から人物を想像する根拠となる文を指摘し，ノートにまとめる。 ○想像した内容を発表し合う。	☆人物像を具体的に説明している。 ※これが誰かへの助言や励ましだとしたらどのような人物に向かって話したものなのかを想像させる。 ☆内容を踏まえて，想像した内容を論理的に説明している。
10分	5．教科書本文から任意の一文を選び，語られた相手や状況を想像して物語を書く。	○その言葉はどのような人物に向かって語られたものなのかを想像する。 ○語られた状況を物語としてノートに記述する。	☆文中の表現から人物関係や孔子の聞き手への配慮について想像を広げている。 ※表現に即して想像を広げるように意識させる。
5分	6．本時のまとめをおこなう。	○続きは家庭学習とし，次時に発表し合うことを確認する。	○相手への思いが表現されていることをノートの記述で確認している。

　　　　　　　　　　　　　　　　　　　　　　　　　　　　　　（熊谷芳郎）

第三章　単元学習の実際

第一節
単元学習の開発

1　単元学習とは

　単元学習の「単元」とは，学習者の興味や関心，必要に根ざす話題や題材（学習材）から課題を発見し追究，解決していく学習活動（言語活動等）のひとまとまりをいう。昭和戦後期（1945年以降）に登場した日本の「単元学習」には，学習者中心の発想が根底にある。その点，学問体系や科学的な体系を背景とする教科（教科書の知）を教える教科カリキュラムとは発想が異なる。児童生徒の経験や生活の視点からはじまる生活カリキュラム・経験カリキュラムの発想が「単元学習」を支えている。国語単元学習という場合，児童生徒の言語体験・言語生活において出会う様々な課題や問題に対してそれを追究し解決していく学習活動を通して国語力を培うことが目指される学習になる。

2　単元学習の内容

　言語活動を拓き，生きる力をはぐくむのが単元学習である。湊吉正は，単元学習では，次のような「学ぶ喜び」が学習者の中に生まれるという。①学習者と学習者，学習者と教師の間にともに学び合うという教育的コミュニケーション行為にかかわる喜び，②自身の言語活動の過程からにじみ出てくる言語活動の主体としての喜び，③言語文化の伝達・伝承や新しい言語文化創造の担い手となるという喜び，④学習者自身の確かな成長を感じることができる喜び等である。つまり，単元学習は「学び合い」と「言語活動」を通して，「言語文化」についての理解を深め，その担い手としての意識を深め，確かな「学習成果」を実感することによって成り立っている。この過程で，学習者に生きる力がはぐくまれることになる。生きる力とは，人間関係を広げていくコミュニケーション能力であり，主体的な学び手としての思考力や判断力，表現力である。そして，文化の継承と新たな文化の創造主体としての知識や技能であり創造力である。

3 単元学習開発の手順

(1) 学習者の実態の把握

　　単元学習開発の過程の第一歩は，はじめに学習者ありきということである。目標とする国語力は，学習者の実態を踏まえた教師の願いとして設定される。
　　担当する学級の一人一人の学習の状況を把握すると同時に，どのような国語力をはぐくんでもらいたいかを明確にする。「診断的な評価」の段階である。安居總子は，学習者の実態を①学習者の興味・関心・必要はどこにあるのか，②学習者はどのような言語能力や学習力か，③「授業開き」で学習者診断をする，と観点を整理している。また，学習者の変容に着目し，どのような学力をはぐくもうとするか明確にしながら「単元づくり」を進める。つまり，学習者の実態を常に教師がとらえ，どのように伸ばしていきたいのかという教師の願いをもって単元づくりをしていくことが求められるのである。

(2) 単元目標の設定

　　単元目標は，言語技能だけでなく，言語知識や言語活動，言語文化の側面から思考力や判断力，創造力や表現力と広くとらえることが必要になる。
　　桑原正夫は，単元目標を次の4つの要素の関係でとらえる。①「○○のために」(生活価値目標) ②「○○について」(内容価値目標) ③「○○をすることを通して」(言語活動) ④「○○ができるようになる」(言語能力) と関連づけ，単元目標の構造を明らかにした。この単元は，どのような学習者の興味・関心，問題意識や学習上の必要のうえに成り立っているのか，学習者が追究する話題や題材の価値はどこにあるのか，学習者は具体的にどのような言語活動を通して学習が展開するのか，結果として，学習者にどのような言語能力がはぐくまれるのか，が相互に関連して単元学習が展開することになる。

(3) 学習材の発掘と言語活動の組織

　　次に単元計画の作成の段階として，単元目標を達成するための指導計画を立てることになる。どのような学習材でどのような学習活動を通して学習を展開するか，それにはどのような順序と配当時間が必要か，どのような授業の形態

をとるか，そしてどのような評価の観点と方法をとるか，などを考える。

　学習材は，どのような学びをつくり出すかという観点から探し出すことになる。課題を発見し，追究し解決するための材料，表現するための材料など学習を成立させるという目標を達成するためのすべてのものを指す。これは，従来の教材とは発想が異なる。しかしながら，それでも教科書教材は，学習材として活用しやすい。つまるところ「教科書を教える」から「教科書で学ぶ」という発想の転換が重要になる。そうした学習材でどのような言語活動を通して学習が成立するかを考えることが言語活動を組織することである。例えば，課題発見の目的で学習材の情報内容を正確に理解するためには「読む」という言語活動と，自分の考えや思いを言葉にする「書く」活動とがある。情報の収集と整理，再構成と創造の過程を意味する。さらに学び合うための交流を図る「話し合い」「聞き合い」「書き合い」「読み合い」が，教室の学びには必要である。

（4）単元展開の工夫

　単元学習は学習の展開にそって，次の3つの場（段階）によって構成される。それは，①学習者の興味や関心，必要から学びが生まれる「課題発見・課題設定の場」，②学び合いを通して一人一人の学びが深まる「課題追究・課題解決の場」，③単元学習のまとめとしての「表現の場」の3つである。しかし，どのように課題発見や追究をしたらよいか，どのように学び合い，どのように表現したらよいか，というつまずきに対しては，必要に応じた学習材の補充や取り立て指導の展開の工夫が必要となる。

（5）単元学習における評価

　学習者の到達状況を測るだけでなく，学習活動の適否，事前・事後の学習活動との関連など，今後の単元展開や具体的な指導に生かせる評価が必要になる。「活動だけ」「はいまわる経験」に終わらせないためにも，単元の評価は重要な意味をもつ。単元の展開途中で「軌道修正」も必要になる。単元展開の中で知識や技能の習得の必要があれば，そこで練習単元を用意して「軌道修正」をする。常に学習活動は，学習者の興味・関心や必要に基づいて展開する単元学習そのものになるのである。

4　単元学習の実際

（1）単元づくりの実際

　実際の単元学習は，指導者によって様々な工夫に満ちている。遠藤瑛子は，次のような自身の単元づくりの過程を紹介している。単元「夢を支える人々」は，読書やテレビ番組録画の視聴，シンポジウムを通して，薬師寺西塔再建のための和釘の技術の苦心に学ぶという12時間にわたる単元学習である。遠藤自身がテレビ番組の「千年の釘」に興味をもち，情報を集め文献を探している。映像情報と文字情報をそろえるところから単元の構想がはじまる。そして，中学2年生の学習者に対して奈良の古寺社，古代の技術などに関する興味・関心の度合いを調査する。そこから古代の人々の英知（古代の技術力）を知り，それにかかわった人物の生き方に学ぶことの重要性を確認している。コミュニケーション力，説明力，読書力，映像読解力など育てたい力を踏まえ，学習活動として紙上読書会，映像の視聴と感想の交流，シンポジウムの言語活動などの工夫をしている。評価の方法としては，座席表指導案などを駆使して一人一人の学びの姿をとらえる努力をしている。単元の出発が，教師の問題意識，読書生活や情報収集のアンテナの力にかかっている事例である。

（2）基礎的な学習力をはぐくむ小単元の事例

　単元学習は大がかりな学習活動である。それだけに基礎的な学習力が必要である。甲斐利恵子は，「単元学習を支える小さな学習」として①授業記録を書くこと，②辞書の早引き，③言葉の小劇場，百字作文，④読書1万ページの読書記録，⑤国語教室通信を読むこと，の学習活動（小さな単元）を提唱している。授業記録をつくることは，「書くこと」を習慣化し，事実を記録していく力を付けることになる。辞書を引くことは辞書に親しみ語彙力を伸ばすことになる。しかし，どちらも習慣化してはじめて成果が見えてくる。時間がかかるので，教師がしっかり目を通すことが重要になる。言葉の小劇場は，「言葉」を使った100字作文である。言葉の意味や用法は，場面（文脈）に支えられているという認識をもち，使える語彙を増やすことをねらう学習である。辞書的な意味から文脈的な意味で「言葉」をとらえることができるようになることが

ねらいである。読書1万ページとは，読書を習慣付け，読書の振り返りの時間をもつために，読書記録を書かせるものである。国語教室通信は言語感覚を磨き，言葉の学習を楽しみ，読書に親しむためのものである。こうした実践は，習慣として定着させることで基礎的な学習力を伸ばすことにつながる。

(3) 学習者の実態をとらえて，問題意識を掘り起こす事例

単元の始まりは，学習者である学級の生徒たちの何気ない会話にもある。日常の生活の様子を敏感に感じ取る感性が教師には求められる。田畑博子は，祖母との会話の場面を語る生徒の言葉に単元開発のきっかけがあったという経験を報告している。「秋田弁」という自分たちの言葉に対する意識を取り上げている。祖母の言葉がさっぱり伝わってこない，わかったふりをして会話しているという中学生の発言に着目した。そして，この方言の現状を思い知らされて，単元づくりを思い立っている。普段何気なく話している言葉と自分，周囲の人との関係について意識できるようになってほしいという願いが生まれた。学習は，インタビューや言語生活の記録，話し合いやレポート作成などを通して，問題意識を掘り起こし，自分の考えや意見をまとめながら生活と言葉との関係についての認識を深めるものとなっている。中学3年生の10時間にわたる単元学習である。

5 単元学習の課題

(1) 単元学習批判

単元学習への批判は，すでに昭和戦後期（1945年以降）に始まっている。馬場四郎は，当時の「新しいカリキュラムの実践状況を見てまわって……」として，単元学習が根付かない理由として次の点を指摘している。まず，教師の負担が大きいこと，多忙で余裕がないこと，理論的実際的な研究書があまりに少ないこと，基礎的な知識技術の習得・系統的な学習がおろそかになりがちであること，時間がかかりすぎて，形式的な上滑りな活動のまねごとをやらせて終わってしまっていること等を指摘して，学力低下を招いていると批判している。この批判は，今日においてもなお単元学習の実践に対する批判として繰り

返されている。では，これらの問題点はどのように克服されるべきであろうか。

（2）言語活動の充実と学ぶ喜びを得る単元学習

　学習指導要領（2010年）が求める「言語活動の充実」には，学習活動を学習者にとって「実の場」として取り戻すという発想がある。一方的な知識・技能の伝達は極めて非効率的である。国際的な学力調査や全国規模の学力調査等で指摘される学力低下が契機になったが，単元学習の本質を見直すことにほかならない。

　新しい知の発見や獲得は，喜びを伴う。わかること，できることは楽しい。教室に，その喜びを取り戻す工夫が単元学習という学習活動を実現している。

（笠井正信）

◆参考文献◆
* 文部省『昭和二十二年度（試案）学習指導要領　国語科編』，1947年
* 文部省『単元学習の理解のために』牧書房，1954年
* 湊吉正「視点－言語活動を拓き，生きる力をはぐくむ教育」（日本国語教育学会『豊かな言語活動が拓く　国語単元学習の創造　Ⅰ理論編』）東洋館出版社，2010年
* 桑原隆『言語生活者を育てる－言語生活論＆ホールランゲージの地平－』東洋館出版社，1996年
* 桑原正夫「単元学習の工夫は，どのようにしたらよいか」（倉澤栄吉他編著『シリーズ小学校国語科教育5　単元学習の進め方』）教育出版，1982年
* 安居總子「中学校における単元学習」（日本国語教育学会『豊かな言語活動が拓く　国語単元学習の創造　Ⅵ中学校編』）東洋館出版社，2010年
* 遠藤瑛子「単元ができるまで－単元の軌跡－」（日本国語教育学会『豊かな言語活動が拓く　国語単元学習の創造　Ⅵ中学校編』）東洋館出版社，2010年
* 甲斐利恵子「単元学習を支える小さな学習たち―授業記録・辞書早引き・言葉の小劇場・読書一万ページ・国語教室通信―」（日本国語教育学会『豊かな言語活動が拓く　国語単元学習の創造　Ⅵ中学校編』）東洋館出版社，2010年
* 田畑博子「単元『秋田弁　わたしたちのことば－「自分の言葉と出会う」単元学習の試み－』（日本国語教育学会『豊かな言語活動が拓く　国語単元学習の創造　Ⅵ中学校編』）東洋館出版社，2010年
* 馬場四郎『単元学習の基本問題』七星閣，1950年（山内乾史・原清治編『論集　日本の学力問題　上巻　学力論の変遷』日本図書センター，2010年再録）
* 文部科学省『学習指導要領解説　国語編』，2010年

第二節
大村はまの単元学習

1 国語単元学習における評価対象

　大村はまは1928年より1980年に至るまで，戦前は高等女学校において，戦後は中学校において教職生活を続けた。このうち戦後赴任した中学校においては一貫して国語単元学習の実践に取り組み，200回をこえる研究授業をおこなった。とくに1972年から退職までの間においては，後に36類238種にまとめられる提案をおこない，退職後も「大村はま国語教室の会」などにおいて提案を重ねてきた。その成果は『大村はま国語教室』全15巻として結実している。さらに今日では大村の評伝，また実践を対象とした研究も刊行されており，大村の思想，実践を学ぶ機会は多い[*1]。

　大村自身は自らの実践について，時代の流行とは無関係に「単元学習とともに歩んできた気がする」と振り返り，それは「子どもたちにことばの力をつけていくことをしようと思ってやって来」たことなのであるとしている。そしてその内容については「言語生活の指導というのが当たっているのではないか」とも述べている。大村がいう「ことばの力」の領域，それらの「力」を育てるための工夫の一端，そしてそれらを支える教育思想については上記の文献によって知られることである[*3]。そこでここでは大村はまの評価の観点，及び評価の方法の概略をたどることによって，大村はまの単元学習が求めた学力の内容に迫ることにする。

　取り上げるのは大村の教員履歴のうち，最後に三年間を持ち上がった1972年度入学者の中学校１年時の学習内容である。そしてこの間に実践された単元と，実施された中間テストや期末テスト等，いわゆるペーパーテストの出題方法やその他の評価方法との関係を検討する。この学年は「大村全集」に掲載さ[*4]

---

*1　大村はま『大村はま国語教室』（全15巻，別巻1，1982〜85年，ほかに資料篇5冊，1985年，ともに筑摩書房）
*2　野地潤家『大村はま国語教室の探求』共文社，1993年／橋本暢夫『大村はま「国語教室」に学ぶ』2001年，『大村はま「国語教室」の創造性』2009年ともに渓水社／苅谷夏子『評伝　大村はま　ことばを育て人を育て』小学館，2010年等
*3　大村はま（1973年）「単元学習と私」前掲『大村はま国語教室』第１巻所収

れたものだけでも1年間で6つの単元が実施されている。ここではそれらのうち，入門単元と1学期の中間テスト，また単元「国語学習発表会」と2学期の期末テストとの関連に着目することにする。

2　大村はま国語教室における学習評価の特徴

(1) 学習習慣の確認

　大村の定期テストにおいて特徴的なのは，テストに先だって出題内容の予告をおこない，答案返却時は採点済みの答案用紙のみならず，出題目標ごとの得点を記した個人別票と全体に向けてのテスト批評が配布されていることである。1学期の中間テストを例にとるならば，出題内容の予告プリントにおいて答案用紙の使い方，問題用紙の処理の仕方に加え，出題内容や復習の方法が示されている。それらは大きく分けるならば授業内容の確認と配布資料に基づく自主学習の指示である。

　この時の中心的な内容は4月から5月にかけて9時間かけて実施された入門単元であった。これは教科書教材についてのグループによる朗読・暗誦を内容とする発表会の計画，練習，実施からなるものである。朗読・暗誦それ自体も学習内容であるが，プログラムを決定するための話し合い，また発表会における挨拶の方法なども重要な学習内容となっている。

　そこで中間テストの予告に際して，授業内容については例えば「ルナールのことばを暗誦しましたね。それを書いてもらいます。めいめい，自分の暗誦してあるのを書いてもらいます」，「話し合いのしかたのプリントを見返しなさい。司会者になったとき，はじめにあいさつをしますね。その次に，どういうことを言わなければいけませんか。欄外にメモがあるはずです。覚えておきなさい」，などと記載されている。一方，配布資料に即した自習の指示としては，この時点で6号まで発行されている「国語教室通信」を取り上げて，「通信もたいせつな教材です。読み返しておきなさい」，「『ことばの学習』プリントを復習しておきなさい」，などと記されている。[*5]

＊4　甲斐雄一郎（2003年）「資料『大村はま国語教室』における学習の軌跡─1974年度卒業生の学習記録に基づく調査研究」（『人文科教育研究』30号）

実際のテストは7問で構成されており，おおむね上記の予告に即した内容が出題されている。例えば問1，問2は次のように問われている。
　　1，じぶんの暗誦しているルナールのことばを書きなさい。
　　2，話し合いの司会者になったとき，はじめにまずあいさつをします。その次に，言わなければならないのは，どういうことですか，箇条書きにしなさい。
　個人別票に記載された出題目的によるならば，第1問は「学習態度（すべきことをする）」，第2問は「『話すこと』についての知識」とされている。これらは大村はまの教室固有の学習内容である。同様のことは全体に向けて配布されたテスト批評のプリントにも見ることができる。そこには問いごとの誤りの傾向とともに注意すべきポイントが記載されている。この時の批評において注目されるのは，問われた内容とそれに対応した答え方に注意することが繰り返し強調されていることである。「問いにあわせる」ことが「きちっとした，正しい，しまった考え方ができるように」なるための筋道だというのが大村の主張である。このことの適切さはおおかたの認めるところではあるものの，問2で問われた内容とともに，大村の教室をこえて広く認められた教育内容ということではない。これらは大村が理想とする言語生活の反映として受け止めるのが適切であろう。
　このような指導の在り方をみていると，大村の定期テストは，いわゆる学力測定の機会としてのみならず，大村はま国語教室の言語生活における重要事項の確認と教育の機会ととらえられていたと指摘することができるのである。

（2）目標の構造化

　次に検討するのは2学期に実施された単元「国語学習発表会」である。この単元は9月半ばから11月末までの2ヶ月半にわたり46時間をかけたもので，グループ単位の学習としては入門期における国語学習発表会に続き，規模の大きな話し合い・発表会としては3年間を通して初めてという位置付けである。この間，中間テストは単元開始の1ヶ月後，期末テストは単元終了の次の時間

＊5　「国語教室通信」は前掲『大村はま国語教室・資料篇』2に収録されている。

第三章　単元学習の実際

に実施されている。
　単元の構成を４つの段階に分けるならば以下のようになる。
　　第１次　ガイダンスとグループ編成。計画立案・予定表作成。
　　第２次　読書傾向，日本・中国・韓国の朝鮮，文集に関する研究。
　　第３次　発表の計画・練習。
　　第４次　発表（開会の言葉，スピーチ，朗読，暗唱（文学作品の冒頭），
　　　　　　読書生活の報告，文集・作文の発表，研究発表　①「私たちの
　　　　　　読書傾向」，②「日本・中国・朝鮮の民話」，閉会の言葉）
　　　　　　発表をめぐる「話し合い」。
　この単元終了直後に実施された期末テストでは説明的文章２編（貨幣の増産に関する報告文，鉛筆の種類と特徴に関する説明文），物語１編（電車内の出来事）についての読解問題が出題されており，それぞれ「要旨をとらえる」，「主題をとらえる」「情景や心情を味わう」など，一般的な読解力が目標として設定されている。これらは単元において扱われた資料というわけではない。しかも単元内で学習者が経験した研究活動は，調べて書くというように書く活動が中心であった。この意味で出題と単元における学習活動との間にはズレがあるように思われる。しかしここではそれを目標の構造化によってもたらされたものであると考える。
　このことに関する大村の認識方法は1952年に実施された単元「研究発表」に見いだすことができる。この単元において大村は，理科の研究発表で調べたことについて，「書いてきたものに引きずられどおしで，いきいきと話せない」，「下を向いて話している」，「ほんとうにわかって話すというところまでこないので，つかえるはずのないことで，つかえていることがある」など，いきいきした発表にはほど遠い学習者の実態に直面した。これらは話すこと・聞くことの問題ではある。しかし大村はそれらに先行する読むことの習慣，態度，技能に関する指導の重要性を指摘した。これらが研究発表において話すこと・聞くことを支える力として見なされるのであり，その評価は，話すこと・聞くことの指導や評価と密接にかかわるということになるのである。

＊６　鳴門教育大学附属図書館大村文庫所蔵の学習記録による。
＊７　前掲『大村はま国語教室』第１巻所収

このような見方からすれば，出題された問題群は第2次における説明文の重要部分を引用する経験，観点に即して物語を読み比べる経験を身に付けた者であるならば解答可能であると考えられたものといえる。すなわちこの出題には，単元の研究活動を通して，中学1年生にとって必要な説明文，また物語の読み方も確かに経験している，という信念の反映をみてとることができるだろう。

（3）評価の観点の共有

　単元学習は総合的な言語活動によって遂行されるところに一つの特徴がある。したがって実際には学習指導のポイントは多岐にわたることになる。こうしたことを前提として単元学習の評価法について倉澤栄吉は1949年に様々な評価図表を紹介している。そのうち協同学習・グループ学習が中心となる研究発表などでの利用が慫慂(しょうよう)された図表における評価項目は（1）計画立案への寄与の仕方，計画性，（2）実際の活動ぶり，（3）研究の能力や習慣，（4）創造活動の力，（5）リーダーシップ，（6）責任感，（7）共同活動の態度，（8）技術，などであった。これらの多くはペーパーテストで把握することはできないので異なる方法を案出する必要が生じるのである。例えば単元「国語学習発表会」の第四次に位置付けられている，その日の発表グループ以外のグループの代表者に指導者としての大村も加わって行われるものとされた「発表及び発表をめぐる『話し合い』」は，テストでは網羅できない評価の観点と方法を，学習者が自らの枠組みとして身に付ける機会としてとらえられる。[*8]

　この時の話し合いでは，大村が司会を務め，どのような発表がよい発表なのか，またどのような発表の仕方がよいのか，ということを学習者間で共有することがめざされるとともに話し合いへの参加の仕方についてきめ細かい指導が行われている。そしてこれらの枠組みに即してそれぞれの発表に関する評価の方法が確認されている。この間，学習記録への書き込みによるならば，「よい点を見つけて言う」，「間を開けずにどんどん出す」，「自分がその人に賛成だったら，『わたしもそう思います』と言う」など，話し合いへの参加のしかたについて，大村はま国語教室固有のルールも取り上げられている。すなわちこの

＊8　倉澤栄吉『国語単元学習と評価法』世界社，1949年（『倉澤栄吉国語教育全集』第1巻，角川書店，1987年所収）

時の「話し合い」は，学習発表会を構成し評価する観点を共有する機会として機能しているのである。そしてそれは大村はま国語教室において，このあとも続く発表，話し合い活動において，理想とすべき活動方法の在り方を共有する時間であったと見なすことができる。

3　評価の内容及び方法の重点化

　国語単元学習における学習評価の機会は，テーマ設定の段階，グループ分けの段階，計画・作業の段階，発表の段階，「話し合い」の段階，テストの段階，学習記録提出の段階等，様々に見いだすことができる。そして実際，大村はま国語教室ではそれらがきめ細かく実施されている。

　これらのうちグループ分けの段階，計画・作業の段階に関する指導と評価については精粗の差はあるものの，第2学年に至るまで継続して行われている。しかしテストの出題内容を含め，すべての単元の各段階において毎回同じ方法が採用されているわけではない。例えば前節で挙げた評価の観点を共有するために実施された話し合いは，以後の単元においては行われていない。学習者はこの単元以降，卒業に至るまでに学習発表会の体裁による単元を80時間分経験している。その入門的な時期に位置付けられるこの単元は続く単元の在り方を規定する面があったはずであり，そのための評価方法も工夫されていた。この過程がのちの単元で省略されていることは，全課程における単元「国語学習発表会」の位置付けとかかわった，評価の内容及び方法に関する重点化と見なすことができる。しかしある単元では重視されていた指導事項が，続く単元では軽減される傾向にあることに着目するならば，指導内容に関する傾斜と呼ぶこともできるだろう。そしてその傾斜の設定の在り方は，中学校卒業に際してそれまでの指導内容を自らのものとした，自立した言語生活者としての学習者に対する大村のイメージの所産として考えられるのである。

（甲斐雄一郎）

＊9　『大村はま国語教室』に掲載された単元でみるならば，第1年次ではこの後に「言葉の意味と使い方」，2年次では「私たちの生まれた一年間」，「ほめ言葉の研究」，3年次では「明治・大正・昭和作文のあゆみ」，「外国の人は日本・日本人をこのようにみている」などが挙げられる。

若き国語教師へのメッセージ
自立・自律した国語教師に―国語科授業に哲学を―

1　自ら国語科教育観・国語科授業観をもち得ているか

　これまでの国語科授業，とりわけ読むことの授業では，教材中心の，国語教科書からスタートする授業が展開されてきた。「教材（教科書）を教える」授業，「教材（教科書）を学ぶ」授業であった。だから，「いま国語では何を勉強しているの？」と聞かれると，「「走れメロス」，「地球環境の危機」など，教材名が返ってきた。その「走れメロス」・「地球環境の危機」で国語の何を学んでいるかということまでは問われなかった。しかし，勉強していることと力を付けていることとは必ずしも同義ではない。国語学力育成・向上を使命とする国語科授業において，こうした活動本位の現状を再考する必要に迫られている。国語科教育は，国語学力を育成・向上させる目的的な教科である。この信念が，国語科授業を道徳，理科，社会科の授業から救ってくれる。

2　自ら国語学力観をもち得ているか

　今日的な時代社会の要請に応えるためには，これまでの「正しく読み取る読解力，心情を書き記す作文力」を主軸とした国語学力観では間に合わなくなる。今日，国語科にどのような国語学力が求められているのか。
　①話す・聞く力（スピーチ〈独話〉＋対話・話し合い（モノローグ→ダイアローグ））――説明・説得，対話，討議，インタビュー，話し合い，コミュニケーション，司会
　②書く力（感想文・生活文＋説明文・情報作文〈相手意識・目的意識〉）――招待文（招待状），紹介文，問い合わせ，メモ，要約
　③読む力（読解力＋読書力，メディア・リテラシー）――比べ読み，調べ読み，批判読み，問いをもちながら読む，速読（斜め読み），目次・索引の活用
　項目だけを列挙したが，こうした「今日的国語学力」（ダイナミックな言葉の力）が，情報化社会・国際化社会，あるいは問題解決能力（思考力・判断力・表現力等）育成の必要性から，国語科に求められている力である。

3　自前で年間指導計画（シラバス）を作成しているか

　付けたい国語学力を，年間のどの単元で，どのような授業を通して付けるのか。付けたい学力，その時期，具体的な言語活動，教科書教材との関連などを一覧表にした年間指導計画を，教師自ら学習者の実態を見極めながら作成しなければならない。これまでのような，教科書に従属した年間指導計画からの脱却である。そのためには，まず，学習者に付けなければならない力で付いていない力を明らかにし，それらを年間に配置することから始まる。

　その一覧表の具体的な姿としては，《付けたい国語学力―教材―言語活動―評価》の順となる。決して，《教材―付けられる国語学力―言語活動―評価》の順にしないことである。あくまで学力を育成する授業にすることである。

4　学習指導案を学習者観から始めているか

　学習指導案が，「本教材は……」と始まっていて，がっかりさせられることがある。「本教材は」と始まってその作品の出典や文学史的な意義・価値などが続くなら，「教材を教える授業」になること必至である。

　授業が学習者のため，学習者の国語学力の育成・向上のためにあるならば，まずは学習者の実態（学力，興味・関心など）こそ何をおいても書き出されるべきではないか。それなのに，教材の解説等から始まるならば，後は推して知るべしである。

　つまり，学習指導案を従来の「教材観→学習者観→指導観」から，「学習者観→教材観→指導観」に改めよう。そうすることで，学習者に「国語学力を育成・向上する授業」というねらいがより明確になるはずである。

　こうして，いま，国語科教育・国語科授業に対する哲学（国語科教育観・国語科授業観・国語学力観）をもち，年間指導計画を自前でつくり，学習指導案を学習者の実態から書き出し，授業を学習者の興味・関心と切り結びながら展開できる，そうした自立・自律した国語教師になることが求められている。

（吉田裕久）

若き国語教師へのメッセージ
国語教師の力量形成

1　道元の愛語

　次の一節は，道元の「愛語」である。この文章は，西尾実が中心になって編纂し，岩波書店より刊行された旧制中学校の教科書『国語』に掲載された教材である。巻九に収載された教材で，巻九は旧制中学校最終学年の五年生の前期用である。現在の教育制度では，高等学校2年生用に相当する。

　　愛語といふは，衆生をみるにまづ慈愛の心をおこし，顧愛の言語をほどこすなり。おほよそ暴悪の言語なきなり。世俗には安否をとふ礼儀あり。仏道には珍重のことばあり，不審の孝行あり。「慈念衆生猶如赤子」のおもひをたくはへて言語するは愛語なり。徳あるはほむべし，徳なきはあはれむべし。愛語をこのむよりは，やうやく愛語を増長するなり。しかあれば，ひごろしられずみえざる愛語も現前するなり。現在の身命の存せらんあひだ，このんで愛語すべし。世々生々にも不退転ならん。怨敵を降伏し，君子を和睦ならしむること，愛語を根本とするなり。

　　むかひて愛語をきくは，おもてをよろこばしめ，こころをたのしくす。むかはずして愛語をきくは，肝に銘じ，魂に銘ず。知るべし，愛語は愛心よりおこる，愛心は慈心を種子とせり。愛語よく廻天のちからあることを学すべきなり，ただ能を賞するのみにあらず。（漢字は現在の字体に改めた）

　愛語とは，慈しみの心より発する思い遣りのある言語行動である。第2段落の「むかひて」で始まる二つの文はとりわけ意味深い。「直接面と対って愛語をきく時はおのづから喜びが顔色にうかび，心に愉悦を覚える。また間接に蔭できく時は心魂に徹して深く感じる」と，言語を根底にした人間関係や人間社会の在り方について，その言語生活の深遠な境地を洞察している。

　学習指導要領には「伝え合う力」の育成が目標として掲げられている。「伝え合う」ということは，単なる表層的な技術ではなく，道元のこの愛語論にみるように，人間存在の根源的な在り方からとらえていくことが大切である。

2　魅力ある国語教室

　国語の授業は他教科に比べて座学の時間が多く，しかも「やった！」とか「できた！」という学習実感や成就感，達成感を味わいづらい隘路をもっている。生徒にとって，国語科の授業の魅力度は全体的にみた場合，必ずしも高くない。

　国語教師として，新鮮で，魅力ある国語教室をつくり出していくにはどうすればよいか。学習者一人一人の存在を尊重し，教師自身も国語の学習者として，謙虚に，真摯に，自己成長を図っていくことである。国語人として，国語教師として完成された人などいない。いつまでも未完成である。未完な人間として謙虚な姿勢で臨むことによって，学習者である生徒から学ぶことも少なくない。

　学習指導要領には，「教材は，次のような観点に配慮して取り上げること」として，中学校ではア～クと8項目，高等学校では科目ごとに数項目，教材選定の観点が示されている。このことは，国語の教材化研究が，国語教師一人一人に開かれていることを示唆している。積極的に教材化研究に取り組むことを勧めているとも解釈してよいであろう。教材化研究は，教材開発とか，教材づくりと言い換えてもよい。教科書教材等の既製の教材を研究する教材研究とは区別して，生徒の実態を見据えて，まだ教材としては未知数の様々な素材について教材としての可能性を探っていく研究である。言語文化財としての様々なジャンルの作品だけではなく，絵本・新聞記事・写真・耳にした話題など，潜在的教材は無限にある。もちろん教科書を軽視することではない。むしろ，教材化研究の視点をもっていることが，教科書教材も豊かに考察できるであろう。教材化研究の視点として，グローバル（世界）・ナショナル（国）・ローカル（地域）といった視点も考えられよう。重要なことは，生徒の学力，興味・関心・意識等の実態を見据え，教材化研究の視点をいつももっていることが，新鮮な国語教室を創造し，国語教師の力量を高めていく。

（桑原　隆）

付録1
中学校国語科学習指導要領
(『中学校学習指導要領』より)

第2章　各教科　第1節　国　語

第1　目　標

　国語を適切に表現し正確に理解する能力を育成し，伝え合う力を高めるとともに，思考力や想像力を養い言語感覚を豊かにし，国語に対する認識を深め国語を尊重する態度を育てる。

第2　各学年の目標及び内容

〔第1学年〕

1　目　標

(1)　目的や場面に応じ，日常生活にかかわることなどについて構成を工夫して話す能力，話し手の意図を考えながら聞く能力，話題や方向をとらえて話し合う能力を身に付けさせるとともに，話したり聞いたりして考えをまとめようとする態度を育てる。

(2)　目的や意図に応じ，日常生活にかかわることなどについて，構成を考えて的確に書く能力を身に付けさせるとともに，進んで文章を書いて考えをまとめようとする態度を育てる。

(3)　目的や意図に応じ，様々な本や文章などを読み，内容や要旨を的確にとらえる能力を身に付けさせるとともに，読書を通してものの見方や考え方を広げようとする態度を育てる。

2　内　容

A　話すこと・聞くこと

(1)　話すこと・聞くことの能力を育成するため，次の事項について指導する。

ア　日常生活の中から話題を決め，話したり話し合ったりするための材料を人との交流を通して集め整理すること。
　　イ　全体と部分，事実と意見との関係に注意して話を構成し，相手の反応を踏まえながら話すこと。
　　ウ　話す速度や音量，言葉の調子や間の取り方，相手に分かりやすい語句の選択，相手や場に応じた言葉遣いなどについての知識を生かして話すこと。
　　エ　必要に応じて質問しながら聞き取り，自分の考えとの共通点や相違点を整理すること。
　　オ　話合いの話題や方向をとらえて的確に話したり，相手の発言を注意して聞いたりして，自分の考えをまとめること。
　(2)　(1)に示す事項については，例えば，次のような言語活動を通して指導するものとする。
　　ア　日常生活の中の話題について報告や紹介をしたり，それらを聞いて質問や助言をしたりすること。
　　イ　日常生活の中の話題について対話や討論などを行うこと。
　B　書くこと
　(1)　書くことの能力を育成するため，次の事項について指導する。
　　ア　日常生活の中から課題を決め，材料を集めながら自分の考えをまとめること。
　　イ　集めた材料を分類するなどして整理するとともに，段落の役割を考えて文章を構成すること。
　　ウ　伝えたい事実や事柄について，自分の考えや気持ちを根拠を明確にして書くこと。
　　エ　書いた文章を読み返し，表記や語句の用法，叙述の仕方などを確かめて，読みやすく分かりやすい文章にすること。
　　オ　書いた文章を互いに読み合い，題材のとらえ方や材料の用い方，根拠の明確さなどについて意見を述べたり，自分の表現の参考にしたりすること。
　(2)　(1)に示す事項については，例えば，次のような言語活動を通して指導するものとする。
　　ア　関心のある芸術的な作品などについて，鑑賞したことを文章に書くこと。
　　イ　図表などを用いた説明や記録の文章を書くこと。

ウ　行事等の案内や報告をする文章を書くこと。
C　読むこと
(1)　読むことの能力を育成するため，次の事項について指導する。
　　ア　文脈の中における語句の意味を的確にとらえ，理解すること。
　　イ　文章の中心的な部分と付加的な部分，事実と意見などとを読み分け，目的や必要に応じて要約したり要旨をとらえたりすること。
　　ウ　場面の展開や登場人物などの描写に注意して読み，内容の理解に役立てること。
　　エ　文章の構成や展開，表現の特徴について，自分の考えをもつこと。
　　オ　文章に表れているものの見方や考え方をとらえ，自分のものの見方や考え方を広くすること。
　　カ　本や文章などから必要な情報を集めるための方法を身に付け，目的に応じて必要な情報を読み取ること。
(2)　(1)に示す事項については，例えば，次のような言語活動を通して指導するものとする。
　　ア　様々な種類の文章を音読したり朗読したりすること。
　　イ　文章と図表などとの関連を考えながら，説明や記録の文章を読むこと。
　　ウ　課題に沿って本を読み，必要に応じて引用して紹介すること。
〔伝統的な言語文化と国語の特質に関する事項〕
(1)　「A話すこと・聞くこと」，「B書くこと」及び「C読むこと」の指導を通して，次の事項について指導する。
　　ア　伝統的な言語文化に関する事項
　　　(ｱ)　文語のきまりや訓読の仕方を知り，古文や漢文を音読して，古典特有のリズムを味わいながら，古典の世界に触れること。
　　　(ｲ)　古典には様々な種類の作品があることを知ること。
　　イ　言葉の特徴やきまりに関する事項
　　　(ｱ)　音声の働きや仕組みについて関心をもち，理解を深めること。
　　　(ｲ)　語句の辞書的な意味と文脈上の意味との関係に注意し，語感を磨くこと。
　　　(ｳ)　事象や行為などを表す多様な語句について理解を深めるとともに，話や文章の中の語彙について関心をもつこと。
　　　(ｴ)　単語の類別について理解し，指示語や接続詞及びこれらと同じような働きを

もつ語句などに注意すること。
(オ) 比喩や反復などの表現の技法について理解すること。
ウ 漢字に関する事項
(ア) 小学校学習指導要領第2章第1節国語の学年別漢字配当表(以下「学年別漢字配当表」という。)に示されている漢字に加え，その他の常用漢字のうち300字程度から400字程度までの漢字を読むこと。
(イ) 学年別漢字配当表の漢字のうち900字程度の漢字を書き，文や文章の中で使うこと。
(2) 書写に関する次の事項について指導する。
ア 字形を整え，文字の大きさ，配列などについて理解して，楷書で書くこと。
イ 漢字の行書の基礎的な書き方を理解して書くこと。

〔第2学年〕

1 目標

(1) 目的や場面に応じ，社会生活にかかわることなどについて立場や考えの違いを踏まえて話す能力，考えを比べながら聞く能力，相手の立場を尊重して話し合う能力を身に付けさせるとともに，話したり聞いたりして考えを広げようとする態度を育てる。
(2) 目的や意図に応じ，社会生活にかかわることなどについて，構成を工夫して分かりやすく書く能力を身に付けさせるとともに，文章を書いて考えを広げようとする態度を育てる。
(3) 目的や意図に応じ，文章の内容や表現の仕方に注意して読む能力，広い範囲から情報を集め効果的に活用する能力を身に付けさせるとともに，読書を生活に役立てようとする態度を育てる。

2 内容

A 話すこと・聞くこと
(1) 話すこと・聞くことの能力を育成するため，次の事項について指導する。
ア 社会生活の中から話題を決め，話したり話し合ったりするための材料を多様な

方法で集め整理すること。
　イ　異なる立場や考えを想定して自分の考えをまとめ，話の中心的な部分と付加的な部分などに注意し，論理的な構成や展開を考えて話すこと。
　ウ　目的や状況に応じて，資料や機器などを効果的に活用して話すこと。
　エ　話の論理的な構成や展開などに注意して聞き，自分の考えと比較すること。
　オ　相手の立場や考えを尊重し，目的に沿って話し合い，互いの発言を検討して自分の考えを広げること。
(2)　(1)に示す事項については，例えば，次のような言語活動を通して指導するものとする。
　ア　調べて分かったことや考えたことなどに基づいて説明や発表をしたり，それらを聞いて意見を述べたりすること。
　イ　社会生活の中の話題について，司会や提案者などを立てて討論を行うこと。
B　書くこと
(1)　書くことの能力を育成するため，次の事項について指導する。
　ア　社会生活の中から課題を決め，多様な方法で材料を集めながら自分の考えをまとめること。
　イ　自分の立場及び伝えたい事実や事柄を明確にして，文章の構成を工夫すること。
　ウ　事実や事柄，意見や心情が相手に効果的に伝わるように，説明や具体例を加えたり，描写を工夫したりして書くこと。
　エ　書いた文章を読み返し，語句や文の使い方，段落相互の関係などに注意して，読みやすく分かりやすい文章にすること。
　オ　書いた文章を互いに読み合い，文章の構成や材料の活用の仕方などについて意見を述べたり助言をしたりして，自分の考えを広げること。
(2)　(1)に示す事項については，例えば，次のような言語活動を通して指導するものとする。
　ア　表現の仕方を工夫して，詩歌をつくったり物語などを書いたりすること。
　イ　多様な考えができる事柄について，立場を決めて意見を述べる文章を書くこと。
　ウ　社会生活に必要な手紙を書くこと。
C　読むこと
(1)　読むことの能力を育成するため，次の事項について指導する。

ア　抽象的な概念を表す語句や心情を表す語句などに注意して読むこと。
　イ　文章全体と部分との関係，例示や描写の効果，登場人物の言動の意味などを考え，内容の理解に役立てること。
　ウ　文章の構成や展開，表現の仕方について，根拠を明確にして自分の考えをまとめること。
　エ　文章に表れているものの見方や考え方について，知識や体験と関連付けて自分の考えをもつこと。
　オ　多様な方法で選んだ本や文章などから適切な情報を得て，自分の考えをまとめること。
(2)　(1)に示す事項については，例えば，次のような言語活動を通して指導するものとする。
　ア　詩歌や物語などを読み，内容や表現の仕方について感想を交流すること。
　イ　説明や評論などの文章を読み，内容や表現の仕方について自分の考えを述べること。
　ウ　新聞やインターネット，学校図書館等の施設などを活用して得た情報を比較すること。

〔伝統的な言語文化と国語の特質に関する事項〕
(1)　「A話すこと・聞くこと」，「B書くこと」及び「C読むこと」の指導を通して，次の事項について指導する。
　ア　伝統的な言語文化に関する事項
　　(ア)　作品の特徴を生かして朗読するなどして，古典の世界を楽しむこと。
　　(イ)　古典に表れたものの見方や考え方に触れ，登場人物や作者の思いなどを想像すること。
　イ　言葉の特徴やきまりに関する事項
　　(ア)　話し言葉と書き言葉との違い，共通語と方言の果たす役割，敬語の働きなどについて理解すること。
　　(イ)　抽象的な概念を表す語句，類義語と対義語，同音異義語や多義的な意味を表す語句などについて理解し，語感を磨き語彙を豊かにすること。
　　(ウ)　文の中の文の成分の順序や照応，文の構成などについて考えること。
　　(エ)　単語の活用について理解し，助詞や助動詞などの働きに注意すること。

㈺　相手や目的に応じて，話や文章の形態や展開に違いがあることを理解すること。
　ウ　漢字に関する事項
　　㈰　第1学年までに学習した常用漢字に加え，その他の常用漢字のうち350字程度から450字程度までの漢字を読むこと。
　　㈪　学年別漢字配当表に示されている漢字を書き，文や文章の中で使うこと。
⑵　書写に関する次の事項について指導する。
　㈰　漢字の行書とそれに調和した仮名の書き方を理解して，読みやすく速く書くこと。
　㈪　目的や必要に応じて，楷書又は行書を選んで書くこと。

〔第3学年〕

1　目　標

⑴　目的や場面に応じ，社会生活にかかわることなどについて相手や場に応じて話す能力，表現の工夫を評価して聞く能力，課題の解決に向けて話し合う能力を身に付けさせるとともに，話したり聞いたりして考えを深めようとする態度を育てる。
⑵　目的や意図に応じ，社会生活にかかわることなどについて，論理の展開を工夫して書く能力を身に付けさせるとともに，文章を書いて考えを深めようとする態度を育てる。
⑶　目的や意図に応じ，文章の展開や表現の仕方などを評価しながら読む能力を身に付けさせるとともに，読書を通して自己を向上させようとする態度を育てる。

2　内　容

　A　話すこと・聞くこと
⑴　話すこと・聞くことの能力を育成するため，次の事項について指導する。
　ア　社会生活の中から話題を決め，自分の経験や知識を整理して考えをまとめ，語句や文を効果的に使い，資料などを活用して説得力のある話をすること。
　イ　場の状況や相手の様子に応じて話すとともに，敬語を適切に使うこと。
　ウ　聞き取った内容や表現の仕方を評価して，自分のものの見方や考え方を深めた

り，表現に生かしたりすること。
  エ　話合いが効果的に展開するように進行の仕方を工夫し，課題の解決に向けて互いの考えを生かし合うこと。
(2)　(1)に示す事項については，例えば，次のような言語活動を通して指導するものとする。
  ア　時間や場の条件に合わせてスピーチをしたり，それを聞いて自分の表現の参考にしたりすること。
  イ　社会生活の中の話題について，相手を説得するために意見を述べ合うこと。
B　書くこと
(1)　書くことの能力を育成するため，次の事項について指導する。
  ア　社会生活の中から課題を決め，取材を繰り返しながら自分の考えを深めるとともに，文章の形態を選択して適切な構成を工夫すること。
  イ　論理の展開を工夫し，資料を適切に引用するなどして，説得力のある文章を書くこと。
  ウ　書いた文章を読み返し，文章全体を整えること。
  エ　書いた文章を互いに読み合い，論理の展開の仕方や表現の仕方などについて評価して自分の表現に役立てるとともに，ものの見方や考え方を深めること。
(2)　(1)に示す事項については，例えば，次のような言語活動を通して指導するものとする。
  ア　関心のある事柄について批評する文章を書くこと。
  イ　目的に応じて様々な文章などを集め，工夫して編集すること。
C　読むこと
(1)　読むことの能力を育成するため，次の事項について指導する。
  ア　文脈の中における語句の効果的な使い方など，表現上の工夫に注意して読むこと。
  イ　文章の論理の展開の仕方，場面や登場人物の設定の仕方をとらえ，内容の理解に役立てること。
  ウ　文章を読み比べるなどして，構成や展開，表現の仕方について評価すること。
  エ　文章を読んで人間，社会，自然などについて考え，自分の意見をもつこと。
  オ　目的に応じて本や文章などを読み，知識を広げたり，自分の考えを深めたりす

ること。
(2) (1)に示す事項については,例えば,次のような言語活動を通して指導するものとする。
　　ア　物語や小説などを読んで批評すること。
　　イ　論説や報道などに盛り込まれた情報を比較して読むこと。
　　ウ　自分の読書生活を振り返り,本の選び方や読み方について考えること。

〔伝統的な言語文化と国語の特質に関する事項〕
(1) 「A話すこと・聞くこと」,「B書くこと」及び「C読むこと」の指導を通して,次の事項について指導する。
　　ア　伝統的な言語文化に関する事項
　　　(ア)　歴史的背景などに注意して古典を読み,その世界に親しむこと。
　　　(イ)　古典の一節を引用するなどして,古典に関する簡単な文章を書くこと。
　　イ　言葉の特徴やきまりに関する事項
　　　(ア)　時間の経過による言葉の変化や世代による言葉の違いを理解するとともに,敬語を社会生活の中で適切に使うこと。
　　　(イ)　慣用句・四字熟語などに関する知識を広げ,和語・漢語・外来語などの使い分けに注意し,語感を磨き語彙を豊かにすること。
　　ウ　漢字に関する事項
　　　(ア)　第2学年までに学習した常用漢字に加え,その他の常用漢字の大体を読むこと。
　　　(イ)　学年別漢字配当表に示されている漢字について,文や文章の中で使い慣れること。
(2) 書写に関する次の事項について指導する。
　　ア　身の回りの多様な文字に関心をもち,効果的に文字を書くこと。

第3　指導計画の作成と内容の取扱い

1．指導計画の作成に当たっては,次の事項に配慮するものとする。
　(1) 第2の各学年の内容の指導については,必要に応じて当該学年の前後の学年で取り上げることもできること。
　(2) 第2の各学年の内容の「A話すこと・聞くこと」,「B書くこと」,「C読むこ

と」及び〔伝統的な言語文化と国語の特質に関する事項〕について相互に密接な関連を図り，効果的に指導すること。その際，学校図書館などを計画的に利用しその機能の活用を図るようにすること。また，生徒が情報機器を活用する機会を設けるなどして，指導の効果を高めるよう工夫すること。
  (3) 第2の各学年の内容の「A話すこと・聞くこと」の指導に配当する授業時数は，第1学年及び第2学年では年間15～25単位時間程度，第3学年では年間10～20単位時間程度とすること。また，音声言語のための教材を積極的に活用するなどして，指導の効果を高めるよう工夫すること。
  (4) 第2の各学年の内容の「B書くこと」の指導に配当する授業時数は，第1学年及び第2学年では年間30～40単位時間程度，第3学年では年間20～30単位時間程度とすること。
  (5) 第2の各学年の内容の「C読むこと」に関する指導については，様々な文章を読んで，自分の表現に役立てられるようにすること。
  (6) 第1章総則の第1の2及び第3章道徳の第1に示す道徳教育の目標に基づき，道徳の時間などとの関連を考慮しながら，第3章道徳の第2に示す内容について，国語科の特質に応じて適切な指導をすること。
2．第2の各学年の内容の〔伝統的な言語文化と国語の特質に関する事項〕については，次のとおり取り扱うものとする。
  (1) 〔伝統的な言語文化と国語の特質に関する事項〕の(1)に示す事項については，次のとおり取り扱うこと。
    ア　知識をまとめて指導したり，繰り返して指導したりすることが必要なものについては，特にそれだけを取り上げて学習させることにも配慮すること。
    イ　言葉の特徴やきまりに関する事項については，日常の言語活動を振り返り，言葉の特徴やきまりについて気付かせ，言語生活の向上に役立てることを重視すること。
  (2) 〔伝統的な言語文化と国語の特質に関する事項〕の(2)に示す事項については，次のとおり取り扱うこと。
    ア　文字を正しく整えて速く書くことができるようにするとともに，書写の能力を学習や生活に役立てる態度を育てるよう配慮すること。
    イ　硬筆及び毛筆を使用する書写の指導は各学年で行い，毛筆を使用する書写の

指導は硬筆による書写の能力の基礎を養うようにすること。
　　ウ　書写の指導に配当する授業時数は，第 1 学年及び第 2 学年では年間 20 単位時間程度，第 3 学年では年間 10 単位時間程度とすること。
3．教材については，次の事項に留意するものとする。
　(1)　教材は，話すこと・聞くことの能力，書くことの能力，読むことの能力などを偏りなく養うことや読書に親しむ態度の育成をねらいとし，生徒の発達の段階に即して適切な話題や題材を精選して調和的に取り上げること。また，第 2 の各学年の内容の「A 話すこと・聞くこと」，「B 書くこと」及び「C 読むこと」のそれぞれの(2)に掲げる言語活動が十分行われるよう教材を選定すること。
　(2)　教材は，次のような観点に配慮して取り上げること。
　　ア　国語に対する認識を深め，国語を尊重する態度を育てるのに役立つこと。
　　イ　伝え合う力，思考力や想像力を養い言語感覚を豊かにするのに役立つこと。
　　ウ　公正かつ適切に判断する能力や創造的精神を養うのに役立つこと。
　　エ　科学的，論理的な見方や考え方を養い，視野を広げるのに役立つこと。
　　オ　人生について考えを深め，豊かな人間性を養い，たくましく生きる意志を育てるのに役立つこと。
　　カ　人間，社会，自然などについての考えを深めるのに役立つこと。
　　キ　我が国の伝統と文化に対する関心や理解を深め，それらを尊重する態度を育てるのに役立つこと。
　　ク　広い視野から国際理解を深め，日本人としての自覚をもち，国際協調の精神を養うのに役立つこと。
　(3)　第 2 の各学年の内容の「C 読むこと」の教材については，各学年で説明的な文章や文学的な文章などの文章形態を調和的に取り扱うこと。
　(4)　我が国の言語文化に親しむことができるよう，近代以降の代表的な作家の作品を，いずれかの学年で取り上げること。
　(5)　古典に関する教材については，古典の原文に加え，古典の現代語訳，古典について解説した文章などを取り上げること。

付録2
高等学校国語科学習指導要領
(『高等学校学習指導要領』より)

第2章　各学科に共通する各教科

第1節　国　語

第1款　目　標

　国語を適切に表現し的確に理解する能力を育成し，伝え合う力を高めるとともに，思考力や想像力を伸ばし，心情を豊かにし，言語感覚を磨き，言語文化に対する関心を深め，国語を尊重してその向上を図る態度を育てる。

第2款　各　科　目

第1　国語総合

1　目　標

　国語を適切に表現し的確に理解する能力を育成し，伝え合う力を高めるとともに，思考力や想像力を伸ばし，心情を豊かにし，言語感覚を磨き，言語文化に対する関心を深め，国語を尊重してその向上を図る態度を育てる。

2　内　容

　A　話すこと・聞くこと
⑴　次の事項について指導する。
　ア　話題について様々な角度から検討して自分の考えをもち，根拠を明確にするなど論理の構成や展開を工夫して意見を述べること。
　イ　目的や場に応じて，効果的に話したり的確に聞き取ったりすること。
　ウ　課題を解決したり考えを深めたりするために，相手の立場や考えを尊重し，表現の仕方や進行の仕方などを工夫して話し合うこと。

エ 話したり聞いたり話し合ったりしたことの内容や表現の仕方について自己評価や相互評価を行い，自分の話し方や言葉遣いに役立てるとともに，ものの見方，感じ方，考え方を豊かにすること。
(2) (1)に示す事項については，例えば，次のような言語活動を通して指導するものとする。
　ア 状況に応じた話題を選んでスピーチしたり，資料に基づいて説明したりすること。
　イ 調査したことなどをまとめて報告や発表をしたり，内容や表現の仕方を吟味しながらそれらを聞いたりすること。
　ウ 反論を想定して発言したり疑問点を質問したりしながら，課題に応じた話合いや討論などを行うこと。
B　書くこと
(1) 次の事項について指導する。
　ア 相手や目的に応じて題材を選び，文章の形態や文体，語句などを工夫して書くこと。
　イ 論理の構成や展開を工夫し，論拠に基づいて自分の考えを文章にまとめること。
　ウ 対象を的確に説明したり描写したりするなど，適切な表現の仕方を考えて書くこと。
　エ 優れた表現に接してその条件を考えたり，書いた文章について自己評価や相互評価を行ったりして，自分の表現に役立てるとともに，ものの見方，感じ方，考え方を豊かにすること。
(2) (1)に示す事項については，例えば，次のような言語活動を通して指導するものとする。
　ア 情景や心情の描写を取り入れて，詩歌をつくったり随筆などを書いたりすること。
　イ 出典を明示して文章や図表などを引用し，説明や意見などを書くこと。
　ウ 相手や目的に応じた語句を用い，手紙や通知などを書くこと。
C　読むこと
(1) 次の事項について指導する。
　ア 文章の内容や形態に応じた表現の特色に注意して読むこと。

イ　文章の内容を叙述に即して的確に読み取ったり，必要に応じて要約や詳述をしたりすること。
　　ウ　文章に描かれた人物，情景，心情などを表現に即して読み味わうこと。
　　エ　文章の構成や展開を確かめ，内容や表現の仕方について評価したり，書き手の意図をとらえたりすること。
　　オ　幅広く本や文章を読み，情報を得て用いたり，ものの見方，感じ方，考え方を豊かにしたりすること。
　(2)　(1)に示す事項については，例えば，次のような言語活動を通して指導するものとする。
　　ア　文章を読んで脚本にしたり，古典を現代の物語に書き換えたりすること。
　　イ　文字，音声，画像などのメディアによって表現された情報を，課題に応じて読み取り，取捨選択してまとめること。
　　ウ　現代の社会生活で必要とされている実用的な文章を読んで内容を理解し，自分の考えをもって話し合うこと。
　　エ　様々な文章を読み比べ，内容や表現の仕方について，感想を述べたり批評する文章を書いたりすること。
〔伝統的な言語文化と国語の特質に関する事項〕
(1)　「A話すこと・聞くこと」，「B書くこと」及び「C読むこと」の指導を通して，次の事項について指導する。
　　ア　伝統的な言語文化に関する事項
　　　(ア)　言語文化の特質や我が国の文化と外国の文化との関係について気付き，伝統的な言語文化への興味・関心を広げること。
　　　(イ)　文語のきまり，訓読のきまりなどを理解すること。
　　イ　言葉の特徴やきまりに関する事項
　　　(ア)　国語における言葉の成り立ち，表現の特色及び言語の役割などを理解すること。
　　　(イ)　文や文章の組立て，語句の意味，用法及び表記の仕方などを理解し，語彙を豊かにすること。
　　ウ　漢字に関する事項
　　　(ア)　常用漢字の読みに慣れ，主な常用漢字が書けるようになること。

3 内容の取扱い

(1) 総合的な言語能力を養うため，内容のＡ，Ｂ，Ｃ及び〔伝統的な言語文化と国語の特質に関する事項〕について相互に密接な関連を図り，効果的に指導するようにする。
(2) 内容のＡに関する指導については，次の事項に配慮するものとする。
　ア　話すこと・聞くことを主とする指導には15〜25単位時間程度を配当するものとし，計画的に指導すること。
　イ　口語のきまり，言葉遣い，敬語の用法などについて，必要に応じて扱うこと。
(3) 内容のＢに関する指導については，次の事項に配慮するものとする。
　ア　書くことを主とする指導には30〜40単位時間程度を配当するものとし，計画的に指導すること。
(4) 内容のＣに関する指導については，次の事項に配慮するものとする。
　ア　古典を教材とした授業時数と近代以降の文章を教材とした授業時数との割合は，おおむね同等とすることを目安として，生徒の実態に応じて適切に定めること。なお，古典における古文と漢文との割合は，一方に偏らないようにすること。
　イ　文章を読み深めるため，音読，朗読，暗唱などを取り入れること。
　ウ　自分の読書生活を振り返り，読書の幅を広げ，読書の習慣を養うこと。
(5) 内容の〔伝統的な言語文化と国語の特質に関する事項〕については，次の事項に配慮するものとする。
　ア　中学校の指導の上に立って，内容のＡ，Ｂ及びＣの指導の中で深めること。
　イ　(1)のアの(イ)については，読むことの指導に即して行うこと。
(6) 教材については，次の事項に留意するものとする。
　ア　教材は，話すこと・聞くことの能力，書くことの能力，読むことの能力などを偏りなく養うことや読書に親しむ態度の育成をねらいとし，生徒の発達の段階に即して適切な話題や題材を精選して調和的に取り上げること。また，内容のＡ，Ｂ及びＣのそれぞれの(2)に掲げる言語活動が十分行われるよう教材を選定すること。
　イ　古典の教材については，表記を工夫し，注釈，傍注，解説，現代語訳などを適切に用い，特に漢文については訓点を付け，必要に応じて書き下し文を用いるな

ど理解しやすいようにすること。また，古典に関連する近代以降の文章を含めること。
ウ　教材は，次のような観点に配慮して取り上げること。
　(ｱ)　言語文化に対する関心や理解を深め，国語を尊重する態度を育てるのに役立つこと。
　(ｲ)　日常の言葉遣いなど言語生活に関心をもち，伝え合う力を高めるのに役立つこと。
　(ｳ)　思考力や想像力を伸ばし，心情を豊かにし，言語感覚を磨くのに役立つこと。
　(ｴ)　情報を活用して，公正かつ適切に判断する能力や創造的精神を養うのに役立つこと。
　(ｵ)　科学的，論理的な見方や考え方を養い，視野を広げるのに役立つこと。
　(ｶ)　生活や人生について考えを深め，人間性を豊かにし，たくましく生きる意志を培うのに役立つこと。
　(ｷ)　人間，社会，自然などに広く目を向け，考えを深めるのに役立つこと。
　(ｸ)　我が国の伝統と文化に対する関心や理解を深め，それらを尊重する態度を育てるのに役立つこと。
　(ｹ)　広い視野から国際理解を深め，日本人としての自覚をもち，国際協調の精神を高めるのに役立つこと。

第2　国語表現

1　目標

国語で適切かつ効果的に表現する能力を育成し，伝え合う力を高めるとともに，思考力や想像力を伸ばし，言語感覚を磨き，進んで表現することによって国語の向上や社会生活の充実を図る態度を育てる。

2　内容

(1)　次の事項について指導する。
　ア　話題や題材に応じて情報を収集し，分析して，自分の考えをまとめたり深めたりすること。

イ　相手の立場や異なる考えを尊重して課題を解決するために，論拠の妥当性を判断しながら話し合うこと。
　　ウ　主張や感動などが効果的に伝わるように，論理の構成や描写の仕方などを工夫して書くこと。
　　エ　目的や場に応じて，言葉遣いや文体など表現を工夫して効果的に話したり書いたりすること。
　　オ　様々な表現についてその効果を吟味したり，書いた文章を互いに読み合って批評したりして，自分の表現や推敲に役立てるとともに，ものの見方，感じ方，考え方を豊かにすること。
　　カ　国語における言葉の成り立ち，表現の特色及び言語の役割などについて理解を深めること。
(2)　(1)に示す事項については，例えば，次のような言語活動を通して指導するものとする。
　　ア　様々な考え方ができる事柄について，幅広い情報を基に自分の考えをまとめ，発表したり討論したりすること。
　　イ　詩歌をつくったり小説などを書いたり，鑑賞したことをまとめたりすること。
　　ウ　関心をもった事柄について調査したことを整理して，解説や論文などにまとめること。
　　エ　相手や目的に応じて，紹介，連絡，依頼などのための話をしたり文章を書いたりすること。
　　オ　話題や題材などについて調べてまとめたことや考えたことを伝えるための資料を，図表や画像なども用いて編集すること。

3　内容の取扱い

(1)　生徒の実態等に応じて，話すこと・聞くこと又は書くことのいずれかに重点を置いて指導することができる。
(2)　内容の(1)のエについては，発声や発音の仕方，話す速度，文章の形式なども必要に応じて扱うようにする。
(3)　内容の(1)のカについては，文や文章，語句，語彙及び文語の表現法なども必要に応じて関連的に扱うようにする。また，現代社会における言語生活の在り方につい

て考えさせるようにする。
(4) 教材は，思考力や想像力を伸ばす学習活動に役立つもの，情報を活用して表現する学習活動に役立つもの，歴史的，国際的な視野から現代の国語を考える学習活動に役立つものを取り上げるようにする。

第3　現代文A

1　目　標

　近代以降の様々な文章を読むことによって，我が国の言語文化に対する理解を深め，生涯にわたって読書に親しみ，国語の向上や社会生活の充実を図る態度を育てる。

2　内　容

(1) 次の事項について指導する。
　ア　文章に表れたものの見方，感じ方，考え方を読み取り，人間，社会，自然などについて考察すること。
　イ　文章特有の表現を味わったり，語句の用いられ方について理解を深めたりすること。
　ウ　文章を読んで，言語文化の特質や我が国の文化と外国の文化との関係について理解すること。
　エ　近代以降の言語文化についての課題を設定し，様々な資料を読んで探究して，言語文化について理解を深めること。
(2) (1)に示す事項については，例えば，次のような言語活動を通して指導するものとする。
　ア　文章の調子などを味わいながら音読や朗読をしたり，印象に残った内容や場面について文章中の表現を根拠にして説明したりすること。
　イ　外国の文化との関係なども視野に入れて，文章の内容や表現の特色を調べ，発表したり論文にまとめたりすること。
　ウ　図書館を利用して同じ作者や同じテーマの文章を読み比べ，それについて話し合ったり批評したりすること。

3 内容の取扱い

(1) 文章を読む楽しさを味わったり，近代以降の言語文化に触れることの意義を理解したりすることを重視し，読書への関心を高め，読書の習慣を付けるようにする。
(2) 教材については，次の事項に留意するものとする。
 ア 教材は，特定の文章や作品，文種や形態などについて，まとまりのあるものを中心として適切に取り上げること。
 イ 教材は，近代以降の様々な種類の文章とすること。また，必要に応じて実用的な文章，翻訳の文章，近代以降の文語文及び演劇や映画の作品などを用いることができること。

第4 現代文Ｂ

1 目標

近代以降の様々な文章を的確に理解し，適切に表現する能力を高めるとともに，ものの見方，感じ方，考え方を深め，進んで読書することによって，国語の向上を図り人生を豊かにする態度を育てる。

2 内容

(1) 次の事項について指導する。
 ア 文章を読んで，構成，展開，要旨などを的確にとらえ，その論理性を評価すること。
 イ 文章を読んで，書き手の意図や，人物，情景，心情の描写などを的確にとらえ，表現を味わうこと。
 ウ 文章を読んで批評することを通して，人間，社会，自然などについて自分の考えを深めたり発展させたりすること。
 エ 目的や課題に応じて，収集した様々な情報を分析，整理して資料を作成し，自分の考えを効果的に表現すること。
 オ 語句の意味，用法を的確に理解し，語彙を豊かにするとともに，文体や修辞などの表現上の特色をとらえ，自分の表現や推敲に役立てること。

(2) (1)に示す事項については，例えば，次のような言語活動を通して指導するものとする。
　ア　文学的な文章を読んで，人物の生き方やその表現の仕方などについて話し合うこと。
　イ　論理的な文章を読んで，書き手の考えやその展開の仕方などについて意見を書くこと。
　ウ　伝えたい情報を表現するためのメディアとしての文字，音声，画像などの特色をとらえて，目的に応じた表現の仕方を考えたり創作的な活動を行ったりすること。
　エ　文章を読んで関心をもった事柄などについて課題を設定し，様々な資料を調べ，その成果をまとめて発表したり報告書や論文集などに編集したりすること。

3　内容の取扱い

(1) 総合的な言語能力を養うため，話すこと・聞くこと，書くこと及び読むことについて相互に密接な関連を図り，効果的に指導するようにする。
(2) 生徒の読書意欲を喚起し，読書の幅を一層広げ，文字・活字文化に対する理解が深まるようにする。
(3) 近代以降の文章や文学の変遷について，必要に応じて扱うようにする。
(4) 教材は，近代以降の様々な種類の文章とする。その際，現代の社会生活で必要とされている実用的な文章を含めるものとする。また，必要に応じて翻訳の文章や近代以降の文語文などを用いることができる。

第5　古典A

1　目標

　古典としての古文と漢文，古典に関連する文章を読むことによって，我が国の伝統と文化に対する理解を深め，生涯にわたって古典に親しむ態度を育てる。

2　内容

(1) 次の事項について指導する。

ア　古典などに表れた思想や感情を読み取り，人間，社会，自然などについて考察すること。
　　イ　古典特有の表現を味わったり，古典の言葉と現代の言葉とのつながりについて理解したりすること。
　　ウ　古典などを読んで，言語文化の特質や我が国の文化と中国の文化との関係について理解すること。
　　エ　伝統的な言語文化についての課題を設定し，様々な資料を読んで探究して，我が国の伝統と文化について理解を深めること。
(2)　(1)に示す事項については，例えば，次のような言語活動を通して指導するものとする。
　　ア　古文や漢文の調子などを味わいながら音読，朗読，暗唱をすること。
　　イ　日常の言語生活の中から我が国の伝統と文化に関連する表現を集め，その意味や特色，由来などについて調べたことを報告すること。
　　ウ　図書館を利用して古典などを読み比べ，そこに描かれた人物，情景，心情などについて，感じたことや考えたことを文章にまとめたり話し合ったりすること。

3　内容の取扱い

(1)　古文と漢文の両方又はいずれか一方を取り上げることができる。
(2)　古典を読む楽しさを味わったり，伝統的な言語文化に触れることの意義を理解したりすることを重視し，古典などへの関心を高めるようにする。
(3)　教材については，次の事項に留意するものとする。
　　ア　教材は，特定の文章や作品，文種や形態などについて，まとまりのあるものを中心として適切に取り上げること。
　　イ　教材には，古典に関連する近代以降の文章を含めること。また，必要に応じて日本漢文，近代以降の文語文や漢詩文などを用いることができること。
　　ウ　教材は，次のような観点に配慮して取り上げること。
　　　(ア)　古典を進んで学習する意欲や態度を養うのに役立つこと。
　　　(イ)　人間，社会，自然などに対する様々な時代の人々のものの見方，感じ方，考え方について理解を深めるのに役立つこと。
　　　(ウ)　様々な時代の人々の生き方や自分の生き方について考えたり，我が国の伝統

と文化について理解を深めたりするのに役立つこと。
  (エ)　古典を読むのに必要な知識を身に付けるのに役立つこと。
  (オ)　現代の国語について考えたり，言語感覚を豊かにしたりするのに役立つこと。
  (カ)　中国など外国の文化との関係について理解を深めるのに役立つこと。

第6　古典B

1　目標

　古典としての古文と漢文を読む能力を養うとともに，ものの見方，感じ方，考え方を広くし，古典についての理解や関心を深めることによって人生を豊かにする態度を育てる。

2　内容

(1)　次の事項について指導する。
  ア　古典に用いられている語句の意味，用法及び文の構造を理解すること。
  イ　古典を読んで，内容を構成や展開に即して的確にとらえること。
  ウ　古典を読んで，人間，社会，自然などに対する思想や感情を的確にとらえ，ものの見方，感じ方，考え方を豊かにすること。
  エ　古典の内容や表現の特色を理解して読み味わい，作品の価値について考察すること。
  オ　古典を読んで，我が国の文化の特質や我が国の文化と中国の文化との関係について理解を深めること。

(2)　(1)に示す事項については，例えば，次のような言語活動を通して指導するものとする。
  ア　辞書などを用いて古典の言葉と現代の言葉とを比較し，その変遷などについて分かったことを報告すること。
  イ　同じ題材を取り上げた文章や同じ時代の文章などを読み比べ，共通点や相違点などについて説明すること。
  ウ　古典に表れた人間の生き方や考え方などについて，文章中の表現を根拠にして話し合うこと。

エ　古典を読んで関心をもった事柄などについて課題を設定し，様々な資料を調べ，その成果を発表したり文章にまとめたりすること。

3　内容の取扱い

(1) 古文及び漢文の両方を取り上げるものとし，一方に偏らないようにする。
(2) 古典を読み深めるため，音読，朗読，暗唱などを取り入れるようにする。
(3) 文語文法の指導は読むことの学習に即して行い，必要に応じてある程度まとまった学習もできるようにする。
(4) 教材については，次の事項に留意するものとする。
　ア　教材は，言語文化の変遷について理解を深める学習に資するよう，文種や形態，長短や難易などに配慮して適当な部分を取り上げること。
　イ　教材には，日本漢文を含めること。また，必要に応じて近代以降の文語文や漢詩文，古典についての評論文などを用いることができること。

第３款　各科目にわたる指導計画の作成と内容の取扱い

1　指導計画の作成に当たっては，「国語表現」，「現代文Ａ」，「現代文Ｂ」，「古典Ａ」及び「古典Ｂ」の各科目については，原則として，「国語総合」を履修した後に履修させるものとする。
2　内容の取扱いに当たっては，次の事項に配慮するものとする。
(1) 教材については，各科目の３の内容の取扱いに示す事項のほか，「国語表現」及び「現代文Ａ」は「国語総合」の３の(6)のウに示す事項について，「現代文Ｂ」は「国語総合」の３の(6)のア及びウに示す事項について，「古典Ａ」及び「古典Ｂ」は「国語総合」の３の(6)のイに示す事項について，「古典Ｂ」は「古典Ａ」の３の(3)のウに示す事項について留意すること。
(2) 学校図書館を計画的に利用しその機能の活用を図ることなどを通して，読書意欲を喚起し幅広く読書する態度を育成するとともに，情報を適切に用いて，思考し，表現する能力を高めるようにすること。
(3) 音声言語や画像による教材，コンピュータや情報通信ネットワークなども適切に活用し，学習の効果を高めるようにすること。

[執筆者一覧] ＊執筆順

編著 田近洵一　（東京学芸大学名誉教授・前早稲田大学）
　　 鳴島 甫　　（筑波大学名誉教授・文教大学）

　　 塚田泰彦　　（筑波大学）
　　 植山俊宏　　（京都教育大学）
　　 堀江祐爾　　（兵庫教育大学）
　　 田中洋一　　（東京女子体育大学）
　　 櫻本明美　　（神戸親和女子大学）
　　 千々岩弘一　（鹿児島国際大学）
　　 藤森裕治　　（信州大学）
　　 山室和也　　（国士舘大学）
　　 宮 絢子　　（東京家政大学）
　　 高山実佐　　（國學院大学）
　　 大滝一登　　（ノートルダム清心女子大学）
　　 入部明子　　（つくば国際大学）
　　 幸田国広　　（東洋大学）
　　 石塚 修　　（筑波大学）
　　 小森 茂　　（青山学院大学）
　　 岩﨑 淳　　（学習院大学）
　　 牛山 恵　　（都留文科大学）
　　 佐野正俊　　（拓殖大学）
　　 加藤憲一　　（大東文化大学）
　　 千田洋幸　　（東京学芸大学）
　　 岩間正則　　（鶴見大学）
　　 丹藤博文　　（愛知教育大学）
　　 松崎正治　　（同志社女子大学）
　　 西 一夫　　（信州大学）
　　 瀬川武美　　（帝塚山学院大学）
　　 熊谷芳郎　　（聖学院大学）
　　 笠井正信　　（中央大学）
　　 甲斐雄一郎　（筑波大学）
　　 吉田裕久　　（広島大学）
　　 桑原 隆　　（早稲田大学）

中学校・高等学校 国語科教育法研究

2013（平成25）年3月27日 初版第1刷発行
2018（平成30）年3月10日 初版第7刷発行

［編著者］田近洵一・鳴島 甫
［著 者］塚田泰彦・植山俊宏・堀江祐爾
　　　　　田中洋一・櫻本明美・千々岩弘一
　　　　　藤森裕治・山室和也・宮 絢子
　　　　　高山実佐・大滝一登・入部明子
　　　　　幸田国広・石塚 修・小森 茂
　　　　　岩﨑 淳・牛山 恵・佐野 正俊
　　　　　加藤 憲一・千田洋幸・岩間正則
　　　　　丹藤博文・松崎正治・西 一夫
　　　　　瀬川武美・熊谷芳郎・笠井正信
　　　　　甲斐雄一郎・吉田裕久・桑原 隆
［発行者］錦織圭之介
［発行所］株式会社 東洋館出版社
　　　　　〒113-0021 東京都文京区本駒込5-16-7
　　　　　営業部 電話03-3823-9206／FAX 03-3823-9208
　　　　　編集部 電話03-3823-9207／FAX 03-3823-9209
　　　　　振替 00180-7-96823
　　　　　URL http://www.toyokan.co.jp
［装　幀］水戸部 功
［印刷・製本］藤原印刷株式会社

ISBN978-4-491-02851-4　Printed in Japan